قوتابخانه - l'école — 2

سهفهر - le voyage — 5

گواستنهوه - le transport — 8

شار - la ville — 10

دیمهن - le paysage — 14

ریستۆرانت - le restaurant — 17

سوپهرمارکێت - le supermarché — 20

خواردنهوه - les boissons — 22

خواردن - l'alimentation — 23

مهزرا - la ferme — 27

مال، خانوو - la maison — 31

ژووری دانیشتن - le salon — 33

چێشتخانه - la cuisine — 35

حهمام، ئاودهستخانه - la salle de bain — 38

ژووری مندال - la chambre d'enfant — 42

جلوبهرگ - les vêtements — 44

نووسینگه، فهرمانگه - le bureau — 49

ئابووری - l'économie — 51

پیشهکان - les professions — 53

ئامراز و کهرهسته - les outils — 56

ئامێرهکانی مووزیک - les instruments de musique — 57

باخجهی ئاژهلان - le zoo — 59

وهرزش - les sports — 62

چالاکیهکان - les activités — 63

بنهماله - la famille — 67

جهسته، لهش - le corps — 68

نهخۆشخانه، خهستهخانه - l'hôpital — 72

نورژانس، بهشی فریاکهوتن - l'urgence — 76

نهرز، زهوی - la terre — 77

کاتژمێر ... - heure(s) — 79

ههفته - la semaine — 80

سال - l'année — 81

شێوهکان - les formes — 83

رهنگهکان - les couleurs — 84

دژبهرهکان - les oppositions — 85

ژمارهکان - les nombres — 88

زمانهکان - les langues — 90

کێ / چی / چۆن - qui / quoi / comment — 91

شوێن - où — 92

Impressum
Verlag: BABADADA GmbH, Nedderfeld 112 , 22529 Hamburg
Geschäftsführer / Verlagsleitung: Harald Hof
Druck: Books on Demand GmbH, In de Tarpen 42, 22848 Norderstedt

Imprint
Publisher: BABADADA GmbH, Nedderfeld 112 , 22529 Hamburg, Germany
Managing Director / Publishing direction: Harald Hof
Print: Books on Demand GmbH, In de Tarpen 42, 22848 Norderstedt

قوتابخانە
l'école

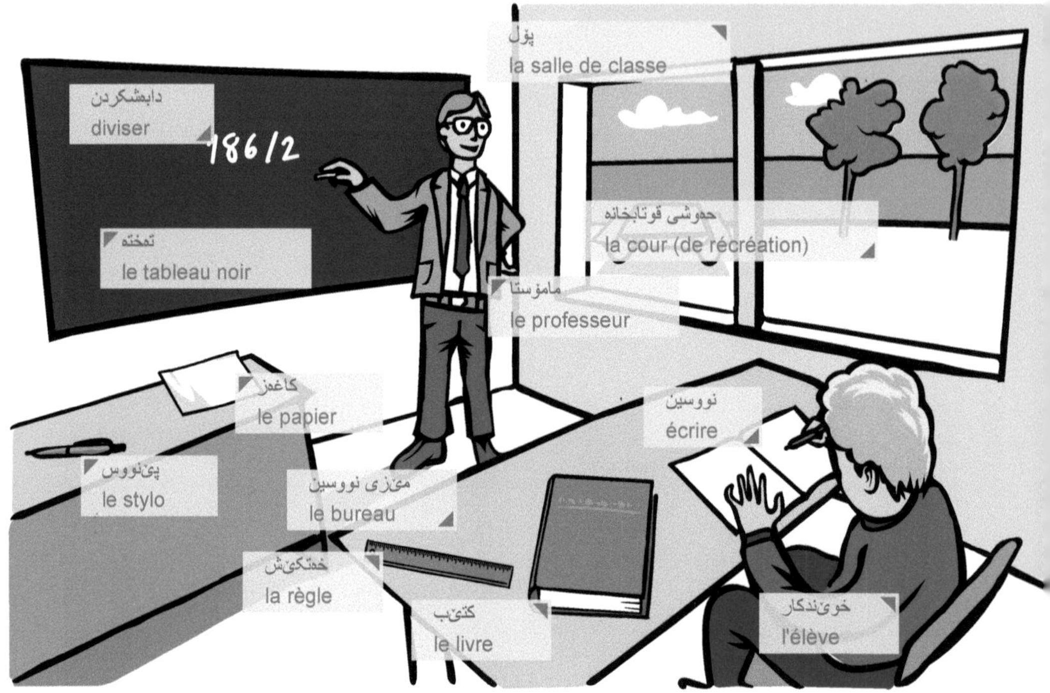

پۆل
la salle de classe
دابەشکردن
diviser
186/2
تەختە
le tableau noir
حەوشی قوتابخانە
la cour (de récréation)
مامۆستا
le professeur
کاغەز
le papier
نووسین
écrire
پێنووس
le stylo
مێزی نووسین
le bureau
خەتکێش
la règle
کتێب
le livre
خوێندکار
l'élève

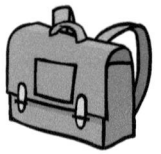

چەواڵ

le cartable

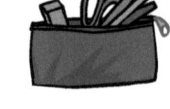

جانتای پێنووس

la trousse

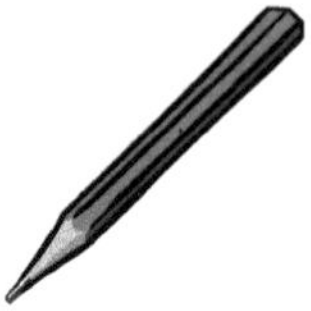

پێنووس

le crayon

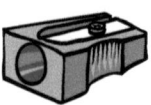

تیژکەرەوەی پێنووس

le taille-crayon

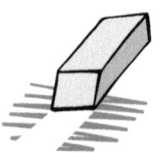

ڕەشکەرەوە

la gomme

پەدی نیگارکێشان

le carnet à dessin

نيگاركێشان

le dessin

فڵچمی رەنگ

le pinceau

قوتووی رەنگ

la boîte de peinture

مەقەست

les ciseaux

چەسپ، کەتیرە

la colle

کتێبی ڕاهێنان

le cahier d'exercices

کاری ماڵەوە

les devoirs

12

ژمارە

le chiffre

2+2

زیدمکردن

additionner

5-2

کەمکردن

soustraire

2×2

لێکدان

multiplier

حسابکردن، ژماردن

calculer

A

پیت

la lettre

ABCDEFG
HIJKLMN
OPQRSTU
VWXYZ

ئەلفوبێ

l'alphabet

hello

وشە

le mot

نووسراوە، دەق

le texte

خوێندنەوە

lire

گەچ

la craie

خول، دەرس

la leçon

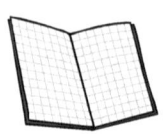

تۆماركردن

le livre de classe

ئەزموون، تاقیكردنەوە

l'examen

بڕوانامە

le certificat

جلی قوتابخانە

l'uniforme scolaire

پەروەردە

la formation

زانیاری نامە

le lexique

زانكۆ

l'université

میكرۆسكۆپ

le microscope

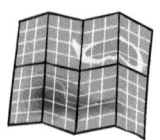

خەریتە، نەخشە

la carte

سەبەتەی كاغەز

la corbeille à papier

le voyage

میوانخانە، هۆتێل
l'hôtel
Grand
میوانخانە
l'auberge
ROOMS
CHANGE
نووسینگەی گۆڕینەوەی دراو
le bureau de change
جانتا، ساک
la valise
ئۆتۆمۆبیل
la voiture

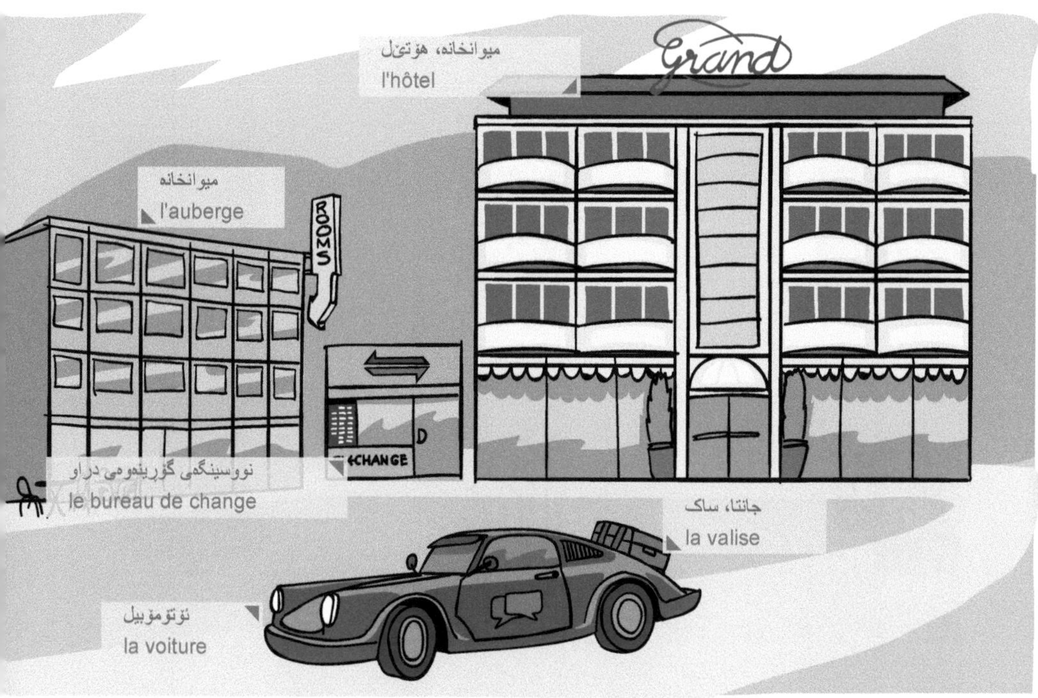

زمان
....
la langue

بەڵێ / نەخێر
....
oui / non

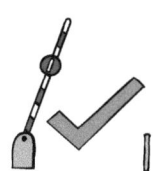

باشە
....
d'accord

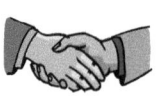

سڵاو
....
Salut

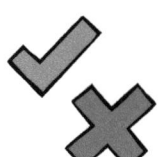

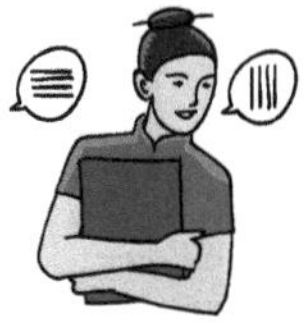

وەرگێڕی دەق
....
l'interprète

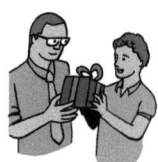

سپاس
....
merci

بەمجەندە ...؟

Combien coûte...?

من تێناگەم

Je ne comprends pas

کێشە

le problème

ئێوارە باش!

Bonsoir !

بەیانی باش!

Bonjour !

شەو باش!

Bonne nuit !

ماڵئاوا، بەخێرچی

Au revoir

ئاراستە، ڕێڕەو

la direction

جانتا

les bagages

جانتا

le sac

کۆڵەپشتی

le sac-à-dos

میوان

l'hôte

ژوور، دیو

la pièce

کیسەخەو

le sac de couchage

چادر، دەوار

la tente

زانیاری بۆ گەشتیار

l'office de tourisme

کەناراو

la plage

کارتی قەرز

la carte de crédit

نانی بەیانی

le petit-déjeuner

نانی نیوەڕۆ

le déjeuner

نانی شەو

le dîner

بلیت

le billet

ئاسانسۆر

l'ascenseur

پوول، تەمر

le timbre

سنوور

la frontière

گومرک

la douane

بالوێزخانە

l'ambassade

ڤیزا

le visa

پاسپۆرت

le passeport

گواستنەوە

le transport

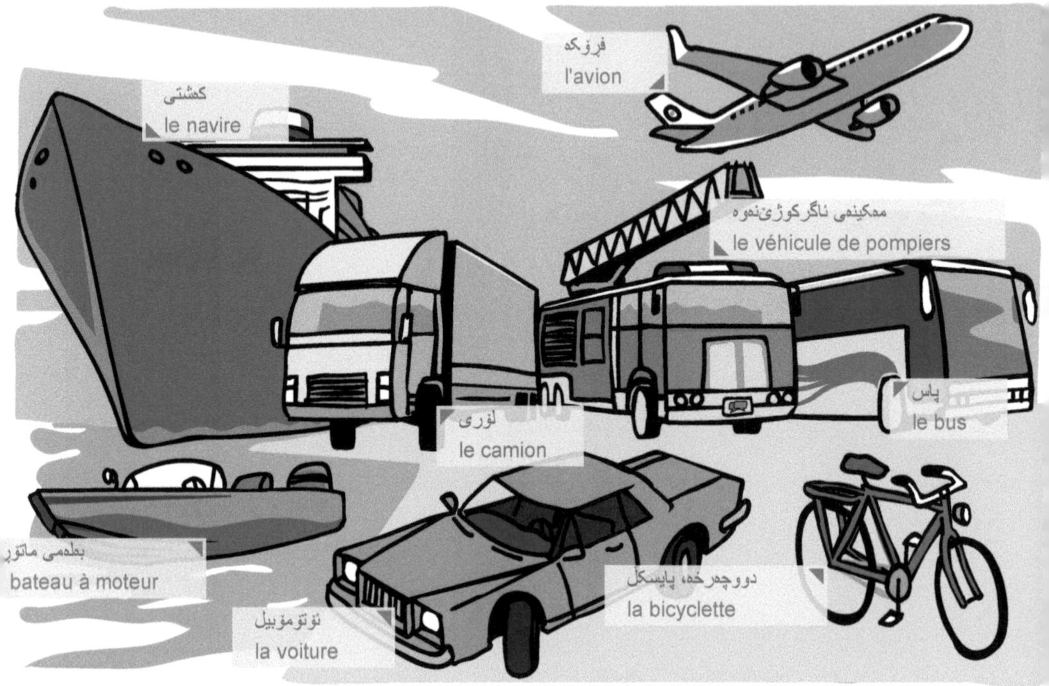
فڕۆکە
l'avion
کەشتی
le navire
مەکینەی ئاگرکوژێنەوە
le véhicule de pompiers
پاس
le bus
لۆری
le camion
بەلەمی ماتۆڕ
bateau à moteur
دووچەرخە، پایسکل
la bicyclette
ئۆتۆمۆبیل
la voiture

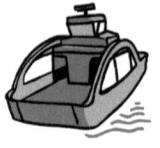

کەشتی گواستنەوە

le ferry

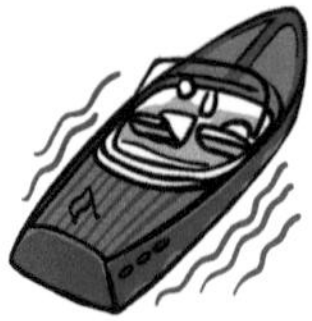

بەلەمی ماتۆڕی

la barque

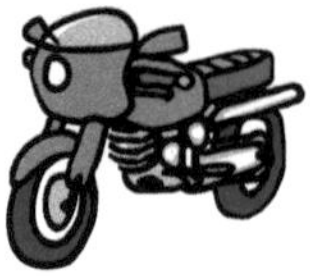

ماتۆڕ

la moto

ئوتومبێلی پۆلیس

la voiture de police

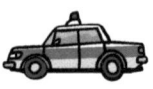

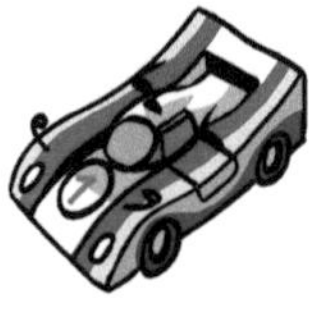

ئوتومبێلی پێشبڕکێ

la voiture de course

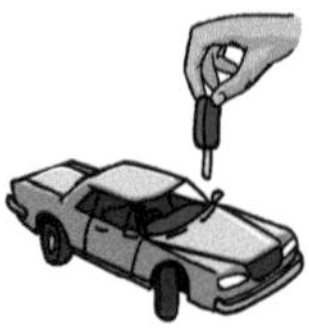

ئۆتۆمۆبیلی کرێ

la voiture de location

نۆتۆمۆبيل هاوبەشكردن

l'auto-partage

لۆرى راكێشكردن

la voiture de remorquage

لۆرى زبڵ

la benne à ordures

ماتۆر

le moteur

سووتەمەنى

l'essence

وێستگەى بەنزين

la station d'essence

تابڵۆى هاتووچۆ

le panneau indicateur

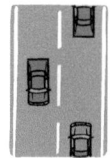

هاتووچۆ

le trafic

ترافيك

l'embouteillage

شوێنى راگرتنى نۆتۆمۆبيل

le parking

وێستگەى شەمەندەفەر

la gare

هێڵى ئاسن

les rails

شەمەندەفەر

le train

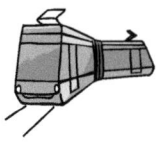

قەتارى سەرشەقام

le tramway

داشقە

le wagon

هەلیکۆپتەر
....
l'hélicoptère

فرۆکەخانە
....
l'aéroport

بورج
....
la tour

نەمفەر
....
le passager

دەفر، کانتینەر
....
le conteneur

کارتۆن
....
le carton

داشقە
....
le chariot

سەوەتە
....
la corbeille

هەلفرین / نیشتن
....
décoller / atterrir

شار

la ville

گوند، دێهات
....
le village

ناوەندی شار
....
le centre-ville

ماڵ، خانوو
....
la maison

سینەما
le cinéma

رێکلام
la publicité

چرای شەقام
le réverbère

شەقام
la rue

تاکسی
le taxi

کیوسک
le kiosque

پیاده
le piéton

شۆستە
le trottoir

شوێنی پەڕینەوە
le passage piéton

دەفری زبڵ
la poubelle

پەڕینەومی بەردمباز
le carrefour

چرای ترافیک
les feux de circulation

خانووچکە
....
la cabane

نهۆم، باڵەخانە
....
l'appartement

وێستگەی شەمەندەفەر
....
la gare

کۆشکی شارەوانی
....
la mairie

مۆزەخانە
....
le musée

قوتابخانە
....
l'école

زانكۆ

l'université

بانک

la banque

نەخۆشخانە، خەستەخانە

l'hôpital

میوانخانە، هۆتێل

l'hôtel

دەرمانخانە

la pharmacie

نووسینگە، فەرمانگە

le bureau

کتێبفرۆشی

la librairie

دووکان

le magasin

گوڵفرۆشی

le fleuriste

سوپەرمارکێت

le supermarché

بازار

le marché

فرۆشگا

le grand magasin

ماسیفرۆش

la poissonnerie

ناوەندی کڕین

le centre commercial

بەندەر

le port

پارک

le parc

کورسی درێژ

la banque

پرد

le pont

پێ پیلەکان

les escaliers

ژێرزەمی

le métro

تۆنێل

le tunnel

وێستگەی پاس

l'arrêt de bus

مەیخانە

le bar

رێستۆرانت

le restaurant

سندووقی پۆست

la boîte à lettres

تابلۆی شەقام

le panneau indicateur

پێوەری پارکینگ

le parcmètre

باخچەی ئاژەڵان

le zoo

حەوزی مەلە

le réverbère

مزگەوت

la mosquée

مەزرا

la ferme

پیسبوونی ژینگە

la pollution

قەبرستان، گۆرستان

la cimetière

کەنیسە

l'église

شوێنی یاری

l'aire de jeux

پەرستگا

le temple

دیمەن

le paysage

گەڵا

la feuille

تابلۆی ڕێنیشاندەر

le panneau indicateur

ڕێگا

le chemin

مێرگ

le pré

بەرد

la pierre

دار

l'arbre

شاخەوان

le randonneur

ڕووبار، چەم

la rivière

گژوگیا

l'herbe

گوڵ

la fleur

دۆڵ، شیو

la vallée

بەرزایی

la montagne

دەریاچە

le lac

دارستان

la forêt

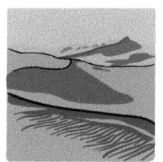

چۆڵەوار

le désert

بورکان

le volcan

قەڵا

le château

کۆلکەزێرینە

l'arc-en-ciel

کارگ

le champignon

دارخورما

le palmier

مێشوولە

le moustique

مێشوولە

la mouche

مێروولە

les fourmis

مێش هەنگوین

l'abeille

جاڵجاڵووکە

l'araignée

قالۆنچە

le coléoptère

بۆق

la grenouille

سمۆرە

l'écureuil

ژیشک

le hérisson

کەروێشکە کێوی

le lièvre

کوند

la chouette

باڵمندە

l'oiseau

قازی سپی

le cygne

بەرازی کێوی

le sanglier

ناسک

le cerf

بزنە کێوی

l'élan

بەنداو

le barrage

تۆربینی با

l'éolienne

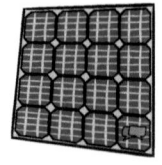

پەڕەی خۆری

le panneau solaire

ناووهەوا

le climat

le restaurant

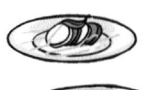

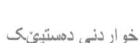

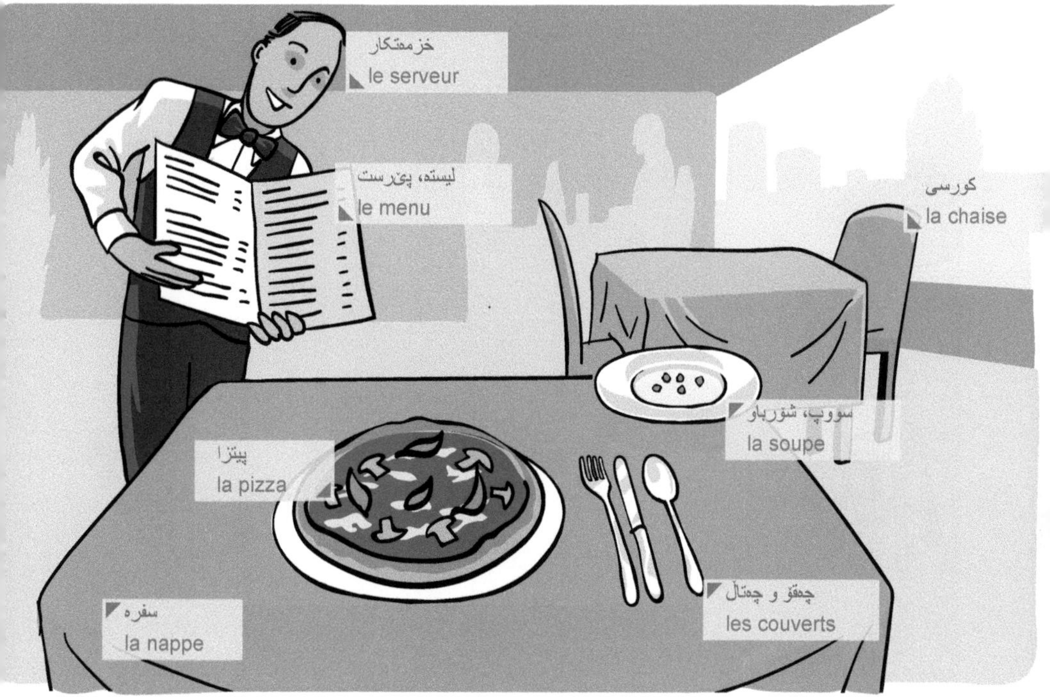
خزمەتکار
le serveur
لیستە، پێڕست
le menu
کورسی
la chaise
سووپ، شۆرباو
la soupe
پیتزا
la pizza
سفرە
la nappe
چەقۆ و چەتاڵ
les couverts

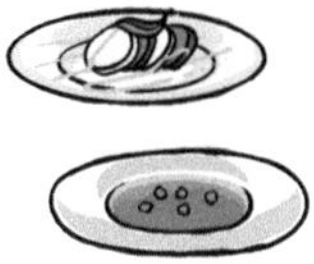

خواردنی دەستپێک

....

les hors d'œuvre

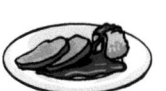

خواردنی سەرەکی

....

le plat principal

دێسێر

....

le dessert

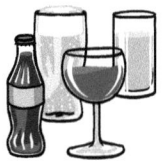

خواردنەوە

....

les boissons

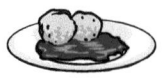

خواردن

....

l'alimentation

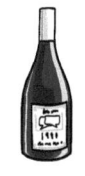

بوتڵ

....

la bouteille

خواردنی خێرا

le fast-food

خواردنی سەرشەقام

les plats à emporter

قۆری

la théière

قوتووی شەکر

le sucrier

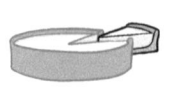

بەش

la portion

ئامێری سازکردنی قاوەی ئێسپرەسۆ

la machine à expresso

کورسی بەرز

la chaise haute

تێچوو

la facture

کەشتف

le plateau

چەقۆ

le couteau

چنگاڵ

la fourchette

کەوچک

la cuillère

کەوچکی چا

la cuillère à thé

دەسماڵ

la serviette

لیوان، پەرداخ

le verre

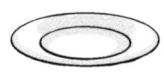

قاپ، دەورى، دەفر

l'assiette

قاپی شۆرباو

l'assiette à soupe

ژێرپیاڵه

la soucoupe

سۆس

la sauce

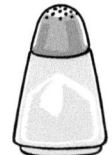

خوێدان

la salière

هاڕەری بیبار

le moulin à poivre

سرکه

le vinaigre

رۆن

l'huile

بەهارات

les épices

دۆشاوی تەمات، سۆسی تەماتە

le ketchup

سۆسی موستارد

la moutarde

سۆسی مایۆنێز

la mayonnaise

سوپەرمارکێت

le supermarché

داشکاندنی تایبەتی
l'offre promotionnelle
FOR
مشتەری
le client
شیرەمەنی
les produits laitiers
میوە
les fruits
داشقە
le chariot

BUTCHERS

دووکانی قەسابی

la boucherie

BAKERY

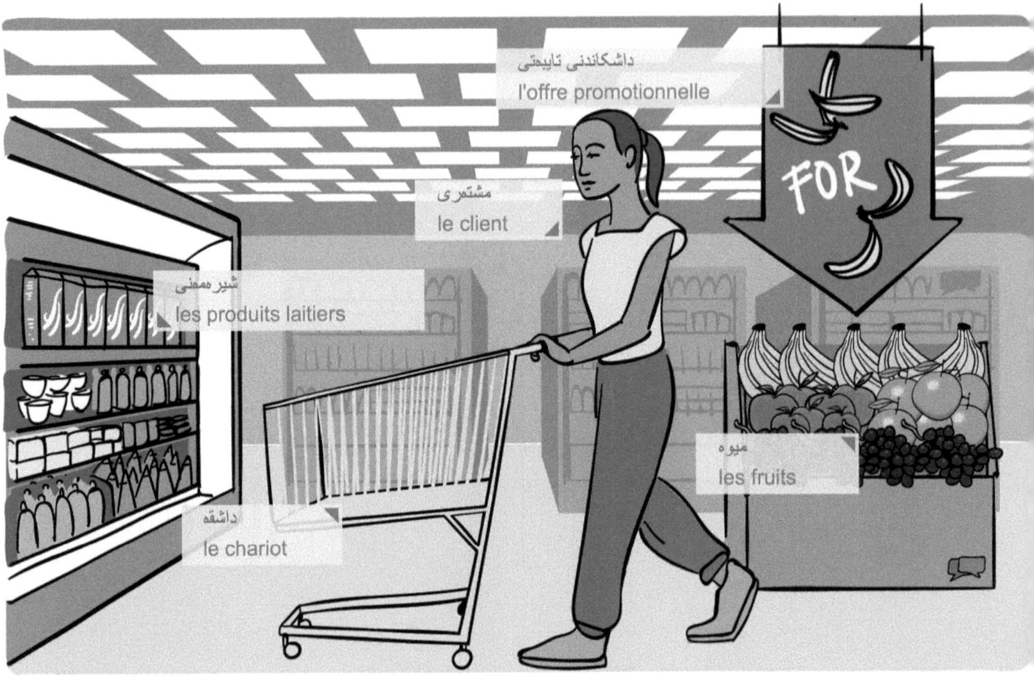

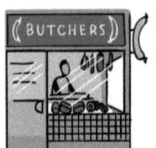

نانەواخانە

la boulangerie

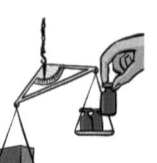

کێشان

peser

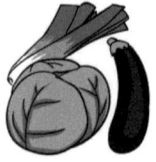

سەوزی

les légumes

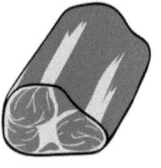

گۆشت

la viande

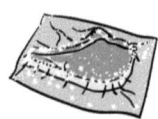

خواردنی بەستوو

les aliments surgelés

گۆشتی سارد

la charcuterie

خواردنی کۆنسێرو

les conserves

دەرمانی بشۆر

la poudre à lessive

شیرینی

les bonbons

بەرهەمی خۆمأڵی

les articles ménagers

بەرهەمی خاوێنکردنەوە

les détergents

فرۆشیار

la vendeuse

ژمێردەر

la caisse

ژمێریار، خەزەندار

le caissier

لیستی کڕین

la liste d'achats

کاتی دوام

les heures d'ouverture

کیسەباخەڵ، جزدان

le portefeuille

کارتی قەرز

la carte de crédit

توورمکە، کیسە

le sac

توورمکە

le sac en plastique

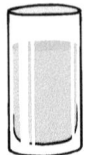

ناو

l'eau

شەربەت

le jus de fruit

شیر

le lait

خەڵووز

le coca

شەراب

le vin

بیرە

la bière

کۆلکەن

l'alcool

کاکاو

le chocolat chaud

چایی، چا

le thé

قاوە

le café

قاوەی ئیسپرەسۆ

l'expresso

کاپۆچینۆ

le cappuccino

l'alimentation

مؤز

la banane

سێو

la pomme

پرتەقاڵ

l'orange

کاڵەک

le melon

لیمۆ

le citron.

گێزەر

la carotte

سیر

l'ail

حەیزەران

le bambou

پیاز

l'oignon

کارگ

le champignon

سەموونە، گوێز، ناوکە

les noisettes

نوودڵ

les pâtes

ماکارۆنی

les spaghetti

برینج

le riz

زەڵاتە

la salade

چپس

les pommes frites

پەتاتەی برژاو، پەتاتەی سووڕۆکراو

les pommes de terre rôties

پیتزا

la pizza

هەمبرگێر

le hamburger

ساندویچ، دۆندرمە

le sandwich

پارچە گۆشت

l'escalope

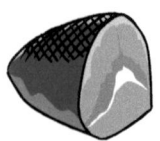

گۆشتی بەراز

le jambon

گۆشتی بەراز

le salami

سۆسیس

la saucisse

مریشک

le poulet

برژاندن، نرژان

le rôti

ماسی

le poisson

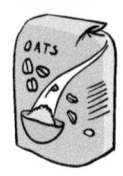

شۆرباوی ساوار

les flocons d'avoine

دانەوێڵەی تێکەڵ

le muesli

دانەی دانەوێڵە

les cornflakes

ئارد

la farine

کرۆسانت، نانێکی فەرەنسی

le croissant

نانی خر

les petits-pains

نان

le pain

نانی برژاو

le pain grillé

بسکيت

les biscuits

کەرە، رۆنی کەرە

le beurre

سەرتوێژ، توێژ

le fromage blanc

کەيک

le gâteau

هێلکە

l'œuf

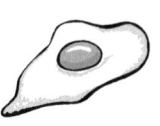

هێلکەی برژاو

l'œuf au plat

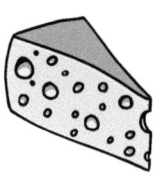

پەنير

le fromage

بهستهنی، دۆندرمه

la glace

شهکر

le sucre

ههنگوین

le miel

مرهبا

la confiture

خامهی نۆگات

la crème nougat

بههارات

le curry

کۆخ (مال لە مەزرا)
la ferme

کڵۆشی کا
la botte de paille

تەویلە
la grange

مەزرا
le champ

ئەسپ
le cheval

مالّی سەفەری
la remorque

جوانوو
le poulain

تراکتۆر
le tracteur

کەر، گوێدرێژ
l'âne

بەرخ
l'agneau

مەڕ
le mouton

بزن

la chèvre

مانگا

la vache

گوێنلک

le veau

بەراز

le porc

فەرخە بەراز

le porcelet

جوانەگا

le taureau

قاز

l'oie

مراوى

le canard

جووجک

le poussin

مریشک

la poule

کەلەشێر

le coq

جرج

le rat

پشیله

le chat

مشک

la souris

گا

le bœuf

سە، سەگ

le chien

کونە سە

le chenil

سۆندە

le tuyau de jardin

تونگمی ئاودان

l'arrosoir

مالەغان

la faucheuse

گاسن

la charrue

داس

la faucille

مەرە

la pioche

شمەنە

la fourche

تەور

la hache

عارەبانەی دەستیی

la brouette

دەفری خواردنی ئاژەڵان

la cuve

دەفری شیر

le pot à lait

تەلیس

le sac

پەرژین

la clôture

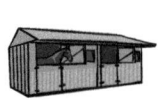

تەویلە

l'étable

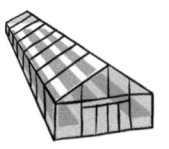

گوڵخانە

le serre

خۆڵ

le sol

دەنک، تۆک

les semences

پەیین

l'engrais

کۆمباین

la moissonneuse-batteuse

درووێنەکردن

récolter

خەرمان

la récolte

پەتاتە

l'igname

گەنم

le blé

لووبیا، فاسۆلیا

le soja

پەتاتە

la pomme de terre

گەنمەشامی

le maïs

جۆرێک دەخڵودان

le colza

داری بەری

l'arbre fruitier

سێوبنمەمرزیلە

le manioc

دانەوێڵەی تێکەڵ

les céréales

دووکەڵکێش
la cheminée

سەربان
le toit

بۆری ناو
la gouttière

پەنجەرە
la fenêtre

گەراژ
le garage

زەنگی دەرگا
la sonnette

دەرگا
la porte

دەفری زبڵ
la poubelle

سندووقی نامه
la boîte aux lettres

باخ
le jardin

ژووری دانیشتن
le salon

حەمام، ناودەستخانه
la salle de bain

چێشتخانه
la cuisine

ژووری خەو
la chambre à coucher

ژووری منداڵ
la chambre d'enfant

ژووری نانخوارن
la salle à manger

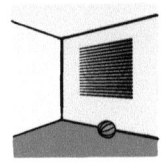

دالان، نەرز

le sol

دیوار

le mur

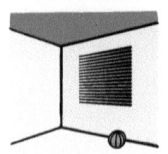

بن میچ

le plafond

ژێرزەمین

la cave

ساونا

le sauna

بالکۆن، هەیوان

le balcon

هەیوان

la terrasse

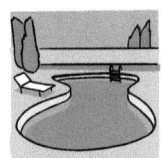

حەوز، مەلەوانگە

la piscine

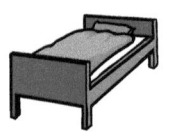

گژۆگیابڕ

la tondeuse à gazon

مەلافە

la housse

مەلافەی نوێن

la couette

پێخەف، نوێن

le lit

گسک

le balai

سەتڵ

le sceau

سویچ، کلیل

l'interrupteur

ژووری دانیشتن
le salon

کاغەزی دیواری
le papier peint
وێنە
l'image
لامپ، چرا، گڵۆب
la lampe
ڕەفە
l'étagère
کۆمێد
l'armoire
تەلەفیزیۆن
la télé
ئاگردان
la cheminée
گوڵ
la fleur
باڵەنج، سەرین
le coussin
سۆفا
le sofa
گوڵدان
le vase
کۆنترۆڵ لە ڕێگەی دوور
la télécommande

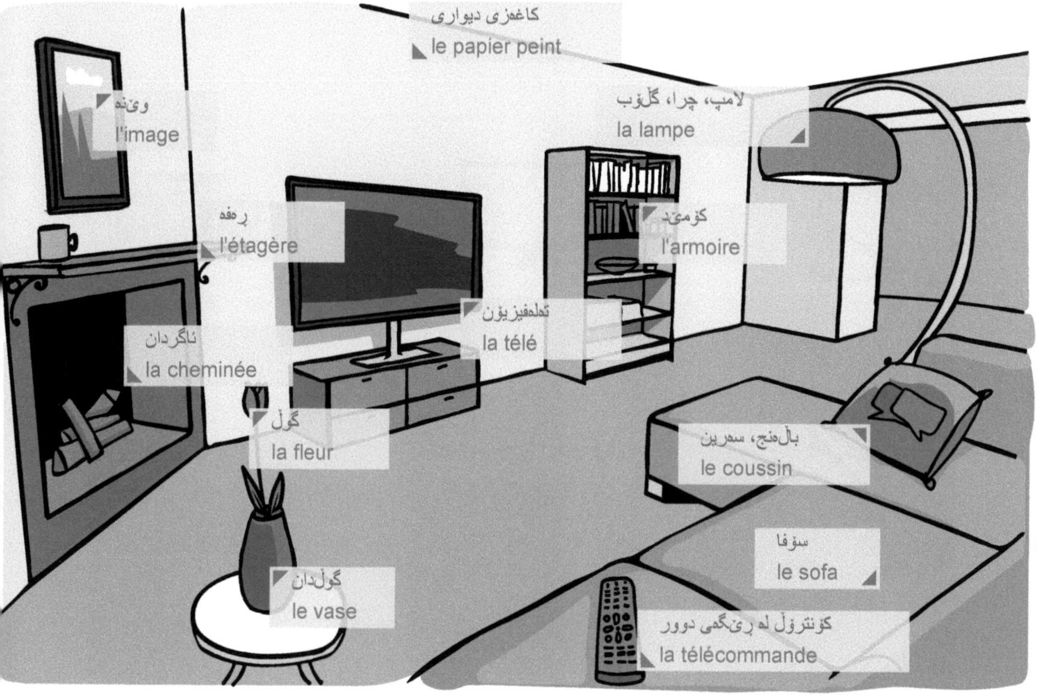

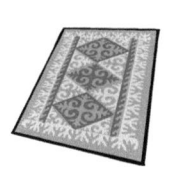

فەرش
le tapis

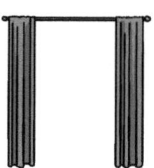

پەردە
le rideau

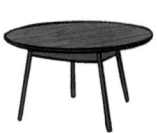

مێز
la table

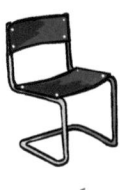

کورسی
la chaise

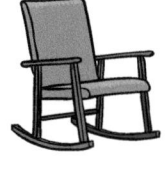

کورسی ڕاژاندن
la chaise à bascule

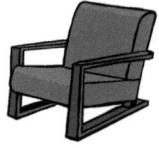

کورسی دەسکدار
le fauteuil

كتێب

le livre

پەتوو، بەتانی

la couverture

ڕازاندنەوە

la décoration

داری سووتاندن

le bois de chauffage

فیلم

le film

ستیریۆ

la chaîne hi-fi

کلیل

la clé

ڕۆژنامه

le journal

نیگار ، نیگارکێشان

la peinture

پۆستەر

le poster

ڕادیۆ

la radio

تیانووس

le bloc-notes

گسکی کارەبایی

l'aspirateur

کاکتووس

le cactus

مۆم

la bougie

چێشتخانە

la cuisine

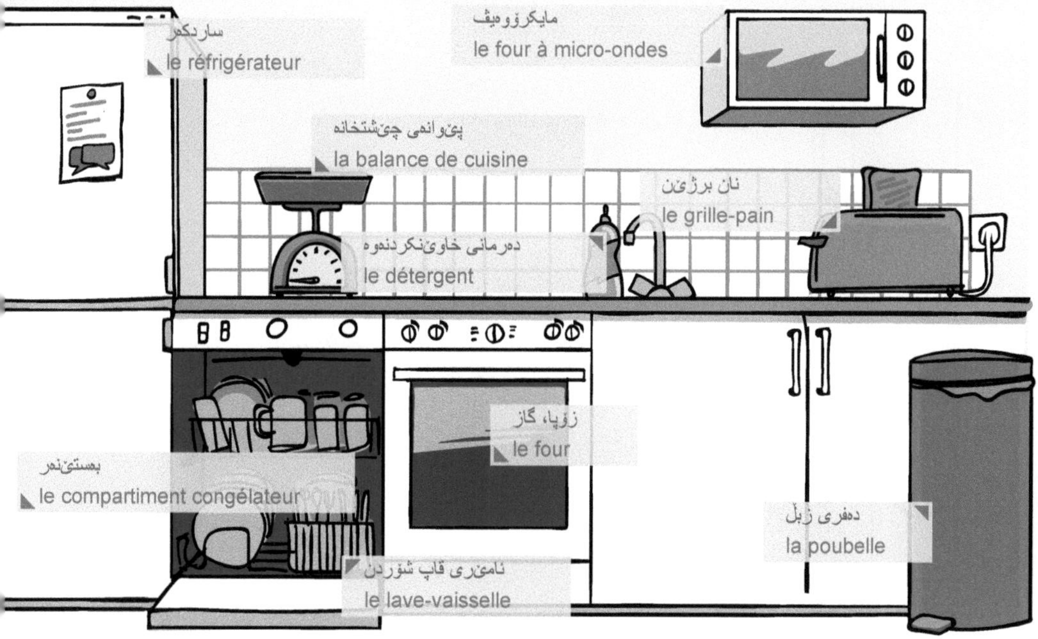

ساردکەر
le réfrigérateur
مایکرۆوەیڤ
le four à micro-ondes
پێوانەی چێشتخانە
la balance de cuisine
نان برژێن
le grille-pain
دەرمانی خاوێنکردنەوە
le détergent
زۆپا، گاز
le four
بەستێنەر
le compartiment congélateur
دەفری زبڵ
la poubelle
ئامێری قاپ شۆردن
le lave-vaisselle

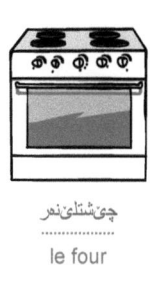

چێشتلێنەر
....
le four

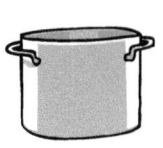

مەنجەڵ
....
la casserole

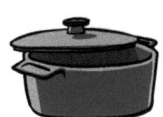

قاپی ئوتوو
....
la marmite

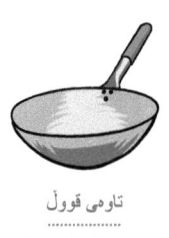

تاوەی قووڵ
....
le wok / kadai

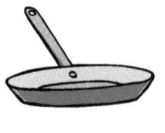

تاوە
....
la poêle

کتری، ئاوگەمکەر
....
la bouilloire electrique

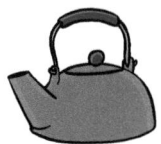

چۆشتلێنەری هەڵمی

le cuiseur vapeur

کەشمەفی نانکردن

la plaque de cuisson

قاپ و قاچاغ

la vaisselle

کۆپ

le gobelet

قاپ

la coupe

چیلکەی نانخواردن

les baguettes

نەسکوێ

la louche

کەوگیر

la spatule

گسک

le fouet

سووزمه

la passoire

بەژنگ

le tamis

نامێری جنینی پەنیر و سەوزه

la râpe

دەستار

le mortier

برژاندن

le barbecue

ناگر

la cheminée

تەختەی وردکردن

la planche à découper

تیرۆک

le rouleau à pâtisserie

بورغی فلین

le tire-bouchon

قوتوو

la boîte

قوتووکەرەوه

l'ouvre-boîte

دەسرەی مەنجەلّ

les maniques

دەسشۆر

le lavabo

فلّچە

la brosse

نیسفەنج

l'éponge

تێکەلّکەر

le mixeur

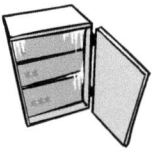

قەرەمسی

le congélateur

شووشە شیر

le biberon

شوێری ناو

le robinet

حەمام، ئاودەستخانە
la salle de bain

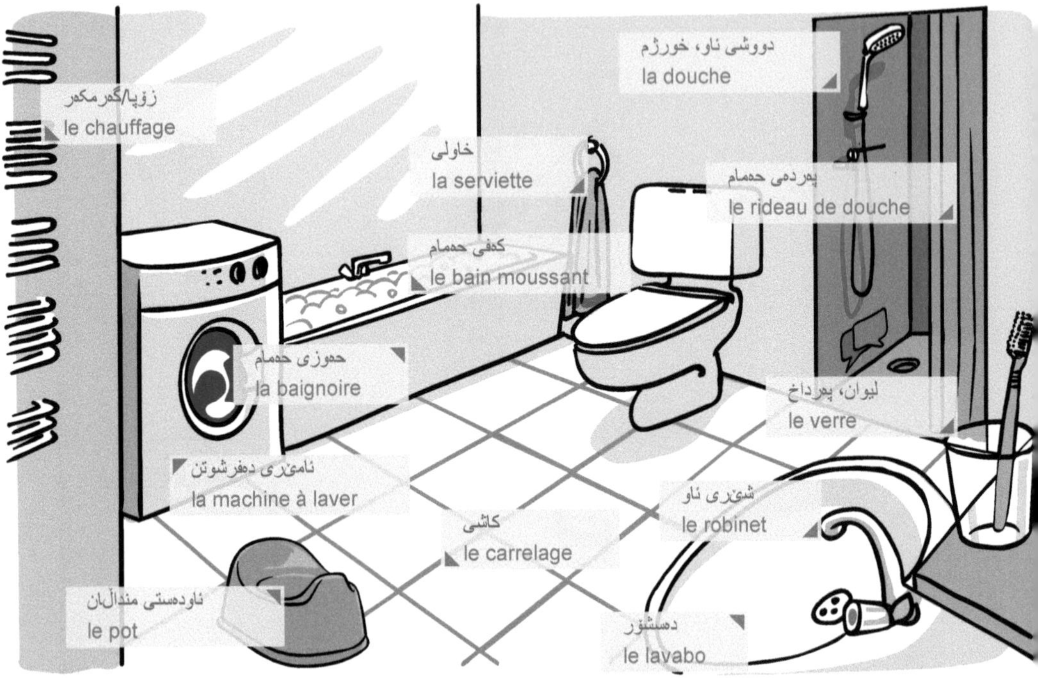
زۆپا/گەرمکەر
le chauffage
خاولی
la serviette
دووشی ئاو، خورژم
la douche
پەردەی حەمام
le rideau de douche
کەفی حەمام
le bain moussant
حەوزی حەمام
la baignoire
لیوان، پەرداخ
le verre
ئامێری دەفرشوتن
la machine à laver
شێری ئاو
le robinet
کاشی
le carrelage
ئاودەستی منداڵان
le pot
دەستشۆر
le lavabo

ئاودەست، توالێت

les toilettes

توالێتی نزم، ئاودەست

la toilette à la turque

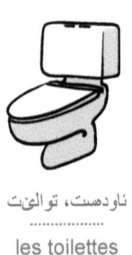

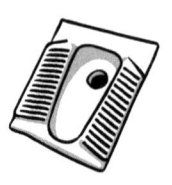

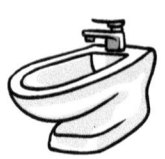

جۆرێک توالێت

le bidet

توالێت، ئاودەست

l'urinoir

کاغەزی ئاودەستخانە

le papier toilette

فڵچەی ئاودەستخانە

la brosse à toilette

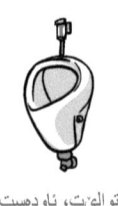

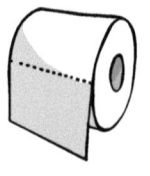

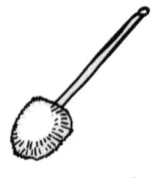

فلچهى ددان

la brosse à dents

خهميرى ددان

le dentifrice

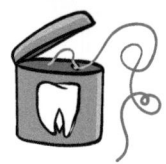

بمنى ددان

le fil dentaire

شۆردن، شوتن

laver

خورژمى دهستى

la douche manuelle

دووش

la douche intime

كاسهى دهستوچاوشوتن

la vasque

فلچهى پشت

la brosse dorsale

سابوون

le savon

جێڵى خۆشوتن

le gel douche

شامپۆ

le shampooing

فلانيێل

le gant de toilette

ئاوهڕۆ

l'écoulement

كرێم

la crème

بۆنخۆشكهره

le déodorant

ناوێنه

le miroir

ناوێنهی دهستی

le miroir cosmétique

مهکینهی ریش تاشین

le rasoir

سابوونی ریش تاشین

la mousse à raser

کرێمی دوای ریش تاشین

l'après-rasage

شانه

la peigne

فڵچه

la brosse

سێشوار، سهرتێشککهردوه

le sèche-cheveux

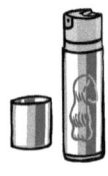

سپرهی قژ

la laque pour cheveux

سوور اوسپیاو

le fond de teint

سووراو

le rouge à lèvres

رهنگی نینۆک

le vernis à ongles

لۆکه

l'ouate

مهقهستی نینۆک

le coupe-ongles

عهتر

le parfum

كیسی حەمام

la trousse de toilette

کورسی بۆ پشت

le tabouret

پێوەر

le pèse-personne

خاولی حەمام

le peignoir

دەستەوانەی چەرم

les gants de nettoyage

تامپۆن

le tampon

خاولی خاوئنکردنەوە

les serviettes hygiéniques

ناودەستی کیمیایی

la toilette chimique

ژووری منداڵ

la chambre d'enfant

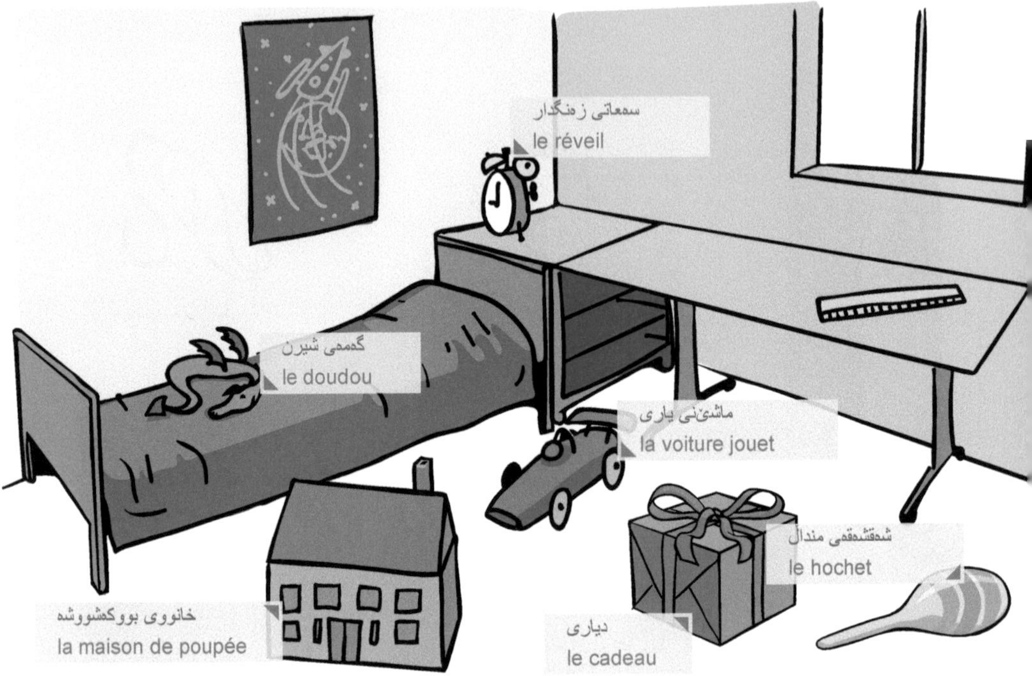

سەعاتی زەنگدار
le réveil
گەمەی شیرن
le doudou
ماشێنی یاری
la voiture jouet
شەقشەقەی منداڵ
le hochet
خانووی بووکەشووشە
la maison de poupée
دیاری
le cadeau

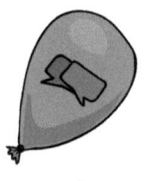

باڵۆن
....
le ballon

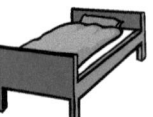

پێخەف، نوێن
....
le lit

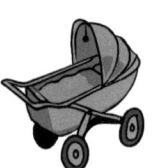

داشقەی منداڵ
....
la poussette

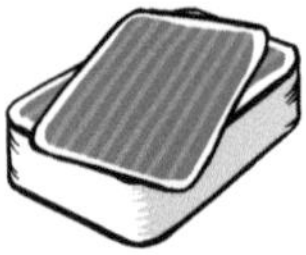

گەمەی کارت
....
le jeu de cartes

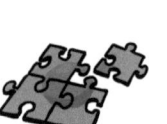

مەتەڵ، مەتەڵۆک
....
le puzzle

کۆمێدی
....
la bande dessinée

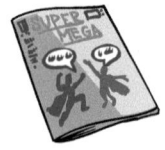

خشتی لێگۆ

les pièces lego

خشتی یاری

les blocs de construction

بووکه شووشه

la figurine

جلی منداڵ

la grenouillère

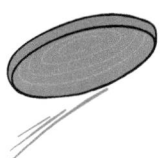

یاری فریزبی

le frisbee

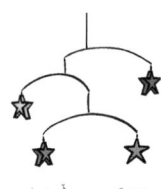

بزۆک، جووڵێنراو

le mobile

یاری تەختە

le jeu de société

مۆره

le dé

مۆدێلی شەمەندەفەر

le train miniature

مەمکە مژە

la sucette

میوانی، جەژن

la fête

کتێبی وێنەدار

le livre d'images

تۆپ

la balle

بووکەشووشە

la poupée

کایه کردن، یاری کردن

jouer

قۆرتی خیزوخۆڵ

le bac à sable

جۆلانه

la balançoire

کایەی مندالٌان، یاری مندالٌان

les jouets

گەمەی ویدیۆیی

la console de jeu

سێچەرخە

le tricycle

ورچی یاری

l'ours en peluche

کەنتۆر

l'armoire

جلوبەرگ

les vêtements

گۆرەوی

les chaussettes

گۆرەوی درێژ

les bas

گۆرەوی درێژ

le collant

شاڵی مل
l'écharpe

چتر
le parapluie

کراس
le t-shirt

قایش، پشتێن
la ceinture

چمکمه، پۆتین
les bottes

پێڵاوی مال
les pantoufles

پێڵاو
les baskets

پاپوچ
les sandales

کەوش، پێڵاو
les chaussures

چمکمەی چەرم
les bottes de caoutchouc

پانتۆڵی ژێردەوه
les sous-vêtements

ستیان، سوخمه
le soutien-gorge

جلیسقه
le maillot de corps

جستە، لەش

le body

پانتۆڵ

le pantalon

پانتۆڵ

le jean

دامەن، تەنوورە

la jupe

کراس

le chemisier

کراس

la chemise

بلووز

le pull

بلووز

le sweat à capuche

چاکەت

la veste

چاکەت

la veste

بألتە

le manteau

بارانی

l'imperméable

پۆشاک

le costume

کراسی ژنانه

la robe

جلی زەماوەند

la robe de mariée

چاکەت و پانتۆڵ

le costume

جلی خەو

la chemise de nuit

جلی خەو

le pyjama

ساری

le sari

لەچکە

le foulard

جەمەدانە، سەرپێچ

le turban

بۆرکا

la burqa

کەفتان

le caftan

عەبا

l'abaya

جل و بەرگی مەلەمکردن

le maillot de bain

پانتۆڵی مەلە

le maillot de bain

پانتۆڵی کورت

le short

جلوبەرگی ڕاهێنان

la tenue d'entraînement

بەروانکە، بەرکوشە

le tablier

دەستەوانە

les gants

دوگمه

le bouton

چاویلکه

les lunettes

بازنه

le bracelet

ملوانکه

le collier

ئەنگوستیله

la bague

گواره

la boucle d'oreille

کڵاو

le bonnet

داری جل هەڵواسین

le cintre

کڵاو

le chapeau

بۆینباخ

la cravate

زیپ

la fermeture éclair

کڵاوی پارێزەر

le casque

هەڵگر

les bretelles

جلی قوتابخانه

l'uniforme scolaire

یەکپۆش

l'uniforme

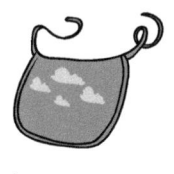

بەرلیکە، بەرکۆشی منداڵ

le bavoir

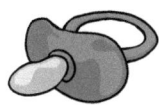

مەمکە مژە

la sucette

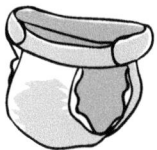

دایبی، پەڕۆشۆر

la lange

نووسینگە، فەرمانگە

le bureau

ڕاژە
le serveur
دۆڵابی بەڵگە
l'armoire d'archivage
کاغەز
le papier
چاپکەر
l'imprimante
مۆنیتۆر، پیشانگەر
l'écran
مێزی نووسین
le bureau
ماوس
la souris
بۆخچە
le classeur
تەختەکلیل
le clavier
سەبەتەی کاغەز
la corbeille à papier
کۆمپیوتەر
l'ordinateur
کورسی
la chaise

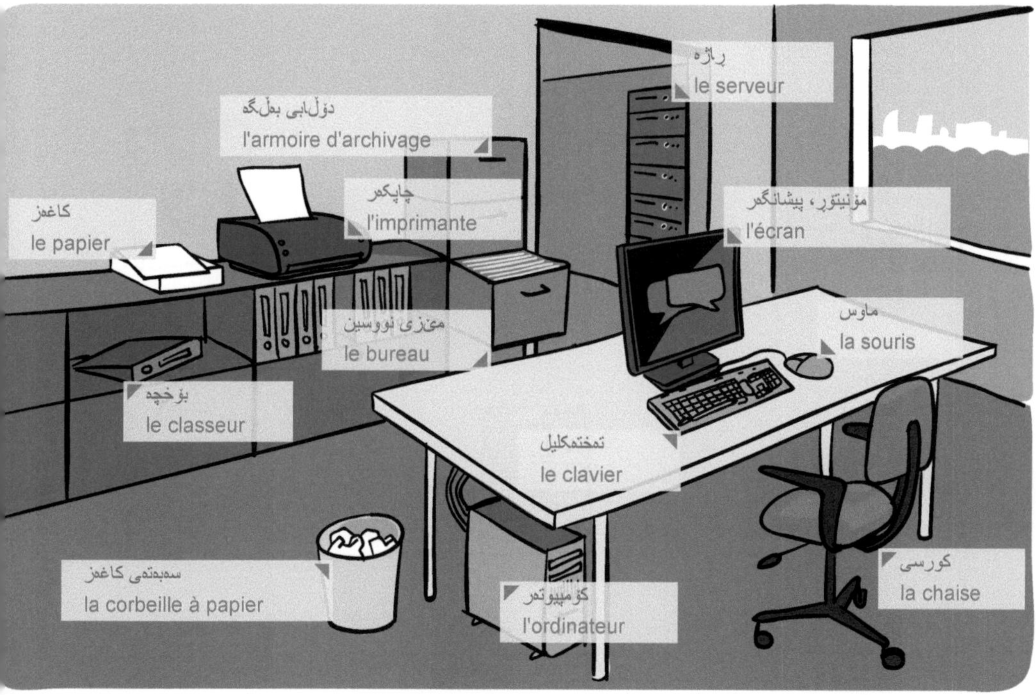

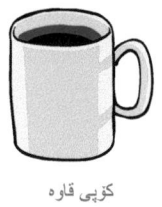

کوپی قاوە

la tasse de café

ژمێرەر

la calculatrice

ئینتەرنێت

l'internet

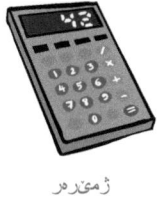

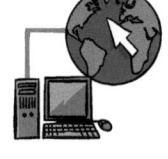

لەپتۆپ

l'ordinateur portable

نامە

la lettre

پەیام

le message

مۆبایل، تەلەفۆنی دەست

le portable

تۆر

le réseau

نامەیەکی لەبەرگرتنەوە، کۆپییکەر

la photocopieuse

نەرمەکاڵا

le logiciel

تەلەفۆن

le téléphone

ساکێتی دووشاخە

la prise

نامەیەری فەکس

le fax

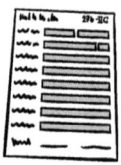

فۆرم

le formulaire

بەڵگە

le document

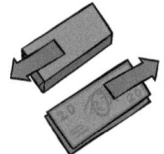

كرين

acheter

پارەدان

payer

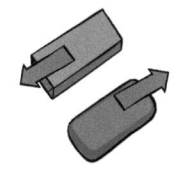

بازرگانی، ئالووگۆڕكردن

faire du commerce

پارە، دراو

la monnaie

دۆلار

le dollar

يۆرۆ

l'euro

يەن

le yen

ڕووبڵی ڕووسی

le rouble

فرانكی سویسی

le franc suisse

يوان، يەكەی دراوی چینی

le renminbi yuan

ڕووپییە

la roupie

مەكینەی پارە

le distributeur automatique

نووسینگەی گۆڕینەوەی دراو

le bureau de change

زێڕ

l'or

زیو

l'argent

نەوت

le pétrole

وزە

l'énergie

بەها، نرخ

le prix

ڕێکەوتننامە

le contrat

باج

la taxe

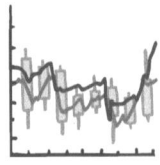

سەهام

l'action

کارکردن

travailler

کارمەند، کارکەر

l'employé

خاوەنکار

l'employeur

کارخانە

l'usine

دووکان

le magasin

les professions

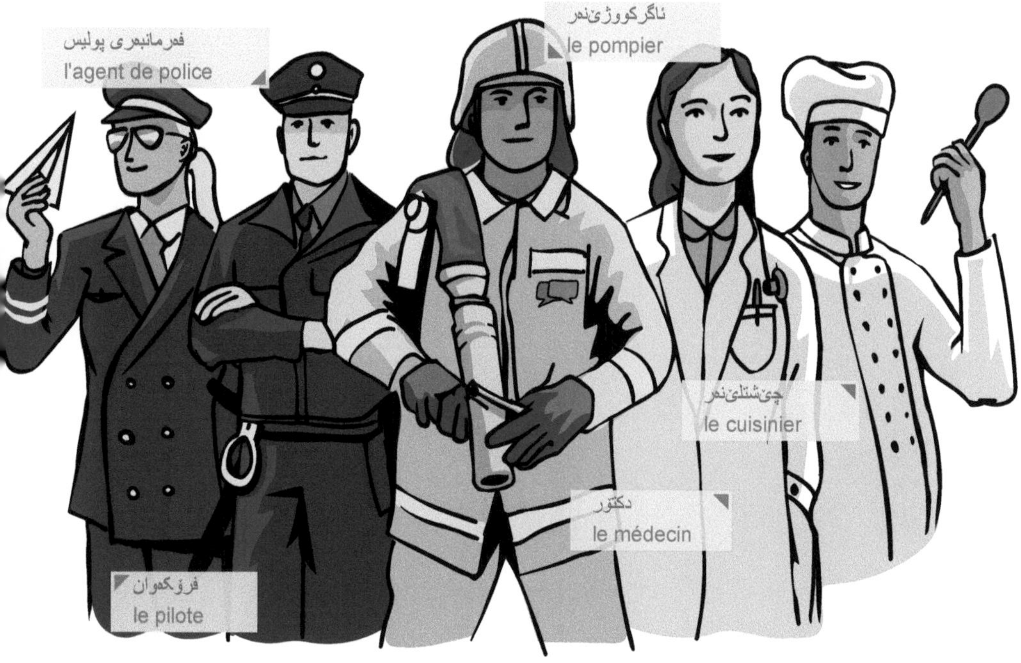
فەرمانبەری پولیس
l'agent de police
ئاگرکووژێنەر
le pompier
چێشتلێنەر
le cuisinier
دکتور
le médecin
فڕۆکەوان
le pilote

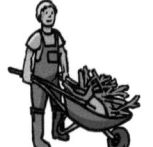

باخەوان
....
le jardinier

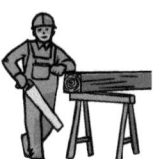

دارتاش، مەرەنگوێز
....
le menuisier

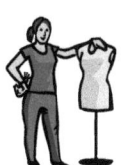

خەییات
....
la couturière

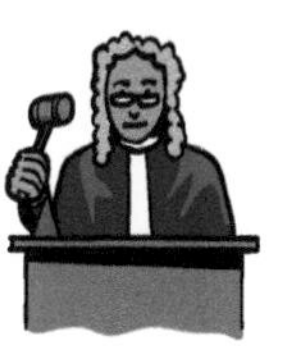

دادوەر
....
le juge

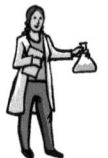

کیمیازان
....
le chimiste

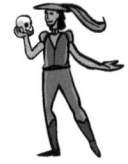

شانۆگەر، شانۆکار
....
l'acteur

شۆفیری پاس

....

le conducteur de bus

شۆفیر تاکسی

....

le chauffeur de taxi

ماسیگر

....

le pêcheur

کڵفەت

....

la femme de ménage

وەستای سەربان

....

le couvreur

خزمەتکار

....

le serveur

ڕاوچی

....

le chasseur

بۆیاخچی

....

le peintre

نانکەر

....

le boulanger

کارەباچی

....

l'électricien

بەننا

....

l'ouvrier

ئەندازیار

....

l'ingénieur

قەساب

....

le boucher

وەستای بۆری

....

le plombier

پۆستەچی

....

le facteur

سەرباز

le soldat

نەخشەکێش

l'architecte

ژمێریار، خەزەنەدار

le caissier

گوڵفرۆش

le fleuriste

ناراییشگەر

le coiffeur

گەیەنەر

le contrôleur

میکانیک

le mécanicien

کەشتیوان

le capitaine

ددانساز، دوکتۆری ددان

le dentiste

زانا

le scientifique

مەڵای جوولەکان

le rabbin

ئیمام

l'imam

کەسی ئایینی

le moine

قەشە

le prêtre

ئامراز و کەرەستە

les outils

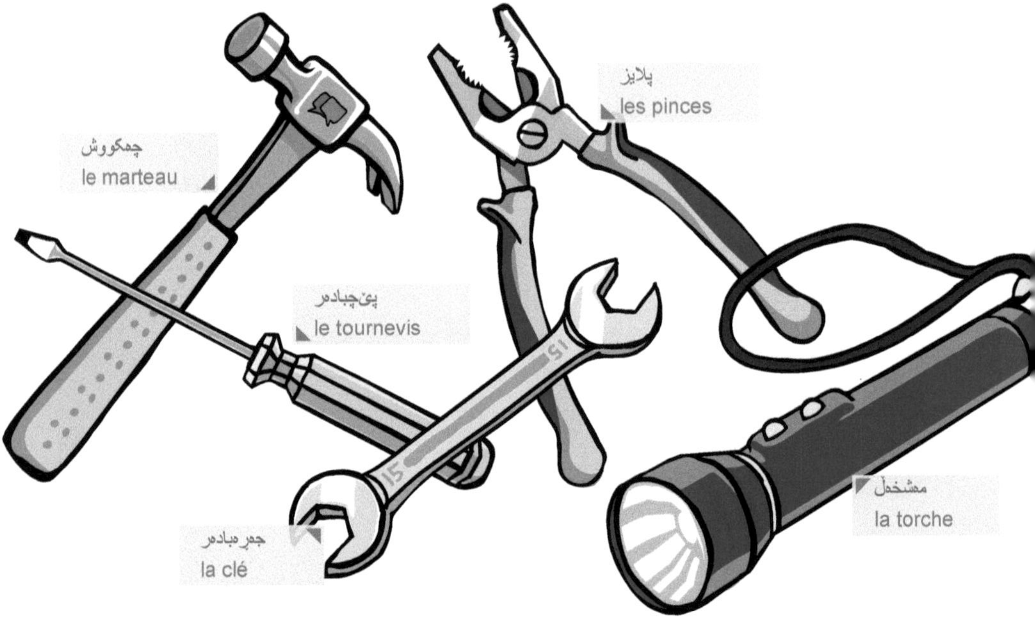
پلایز
les pinces
چەکووش
le marteau
پێچبادەر
le tournevis
جەڕەبادەر
la clé
مشخەل
la torche

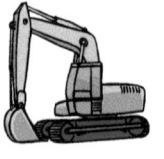

شۆفڵ

la pelleteuse

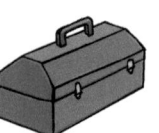

سندووقی ئامراز

la boîte à outils

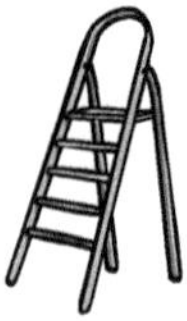

پەیژە

l'échelle

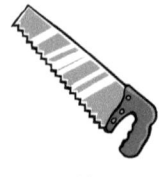

مشار

la scie

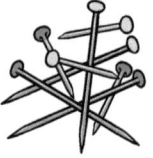

بزمارەکان

les clous

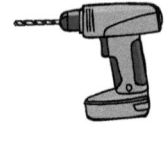

کونکەرە

la perceuse

چاککردنەوە

réparer

پێمەڕە

la pelle

نمفرەت!

Mince !

خاکەناز

la pelle

قەتووی بۆیاخ

le pot de peinture

پێچەمکان، جمرەمکان

les vis

ئامێرەکانی مووزیک

les instruments de musique

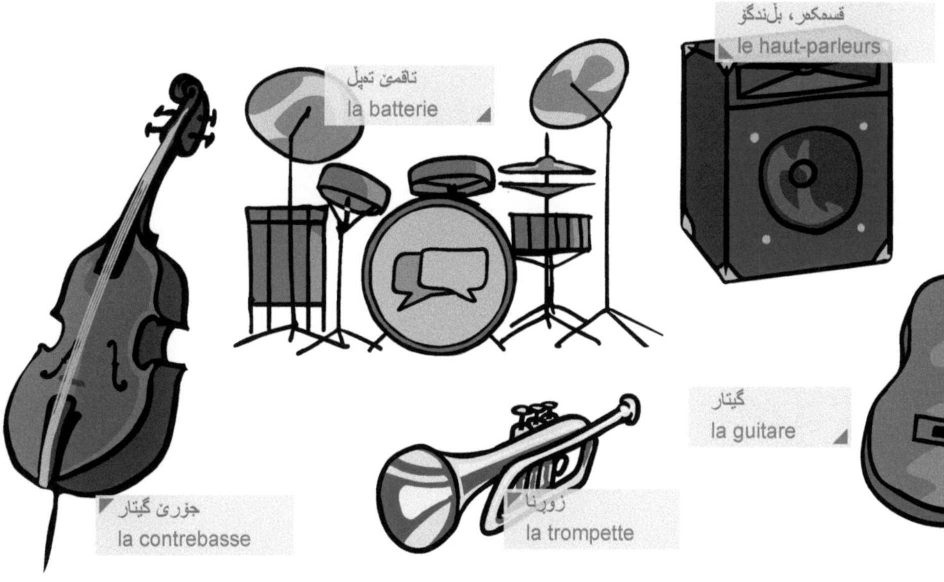

تاقمێ تەپڵ
la batterie

قسەمکەر، بڵندگۆ
le haut-parleurs

گیتار
la guitare

جۆرێ گیتار
la contrebasse

زوڕنا
la trompette

پیانۆ

le piano

کەمانچە

le violon

گیتار

la basse

دەهۆڵ

les timbales

تەپڵ

le tambour

تەختەکلیل

le piano électrique

ساکسافۆن

le saxophone

فلووت، شمشاڵ

la flûte

مایکرۆفۆن

le microphone

باخچەی ئاژەڵان

le zoo

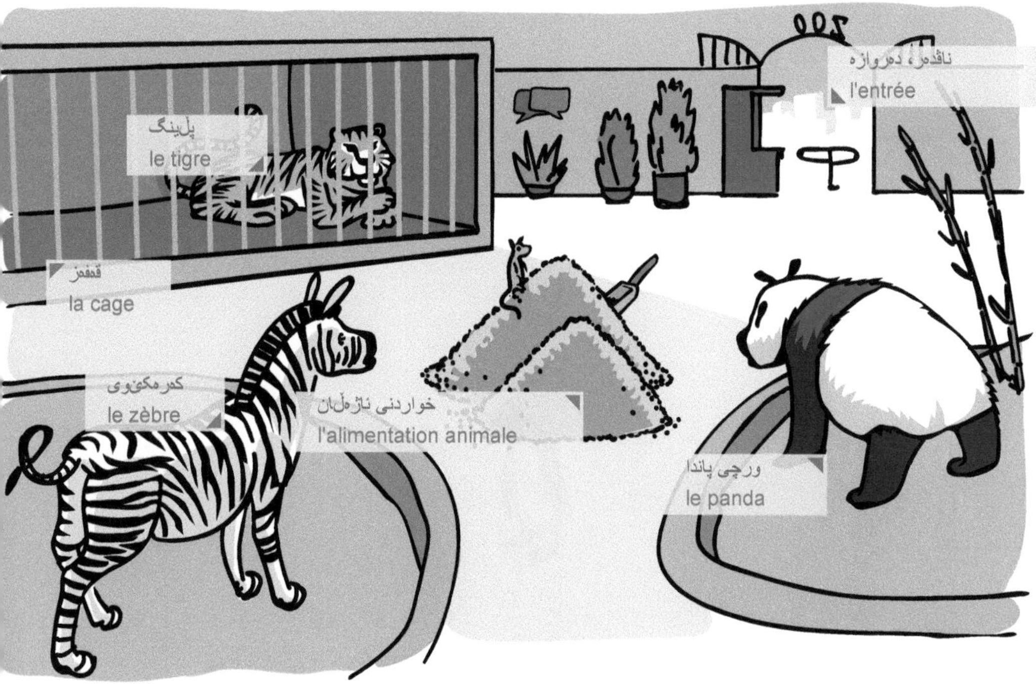

پڵینگ
le tigre
ناڤدەر، دەروازە
l'entrée
قەفەز
la cage
کەرەکێوی
le zèbre
خواردنی ئاژەڵان
l'alimentation animale
ورچی پاندا
le panda

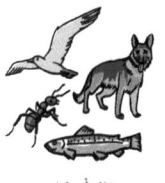

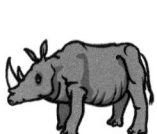

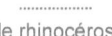

ئاژەڵەکان
....
les animaux

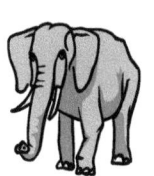

فیل
....
l'éléphant

کانگۆرۆ
....
le kangourou

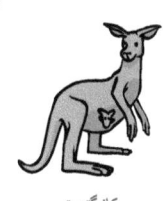

کەرکەدەن
....
le rhinocéros

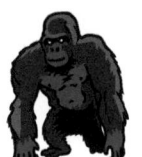

گۆریلا
....
le gorille

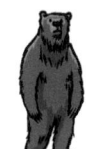

ورچ
....
l'ours

وشتر
....
le chameau

وشترمريشك
....
l'autruche

شێر
....
le lion

مەیموون
....
le singe

فلّامينگۆ
....
le flamand rose

تووتی
....
le perroquet

ورچی جەمسەری
....
l'ours polaire

پێنگوین
....
le pingouin

قرش، سەگماسی
....
le requin

تاووس
....
le paon

مار
....
le serpent

تیمساح
....
le crocodile

پارێزەری باخچەی ئاژەڵان
....
le gardien de zoo

سەگی دەریایی
....
le phoque

پڵینگ
....
le jaguar

نمسپی قەزەم

le poney

پشیلەی پلأرینگی

le léopard

نمسپی ناوی

l'hippopotame

زەرافە

la girafe

ھەلأؤ

l'aigle

بەرازی کێوی

le sanglier

ماسی

le poisson

کیسەلأ

la tortue

والأرس، ئاژەلأێکی دەریایی

le morse

ڕێوی

le renard

ناسک

la gazelle

تۆپپێوانى ئەمریکی
l'american Football

دووچەرخەیخورین
le cyclisme

تێنیس
le tennis

تۆپی باسکە
le basket-ball

مەلەکردن
la natation

بۆکسین
la boxe

هۆکی سەر سەهۆڵ
le hockey sur glace

فووتبۆڵ
le football

بەدمینتۆن
le badminton

وەرزشوان
l'athlétisme

هەندباڵ
le handball

خلیسکەین
le ski

پۆلۆ
le polo

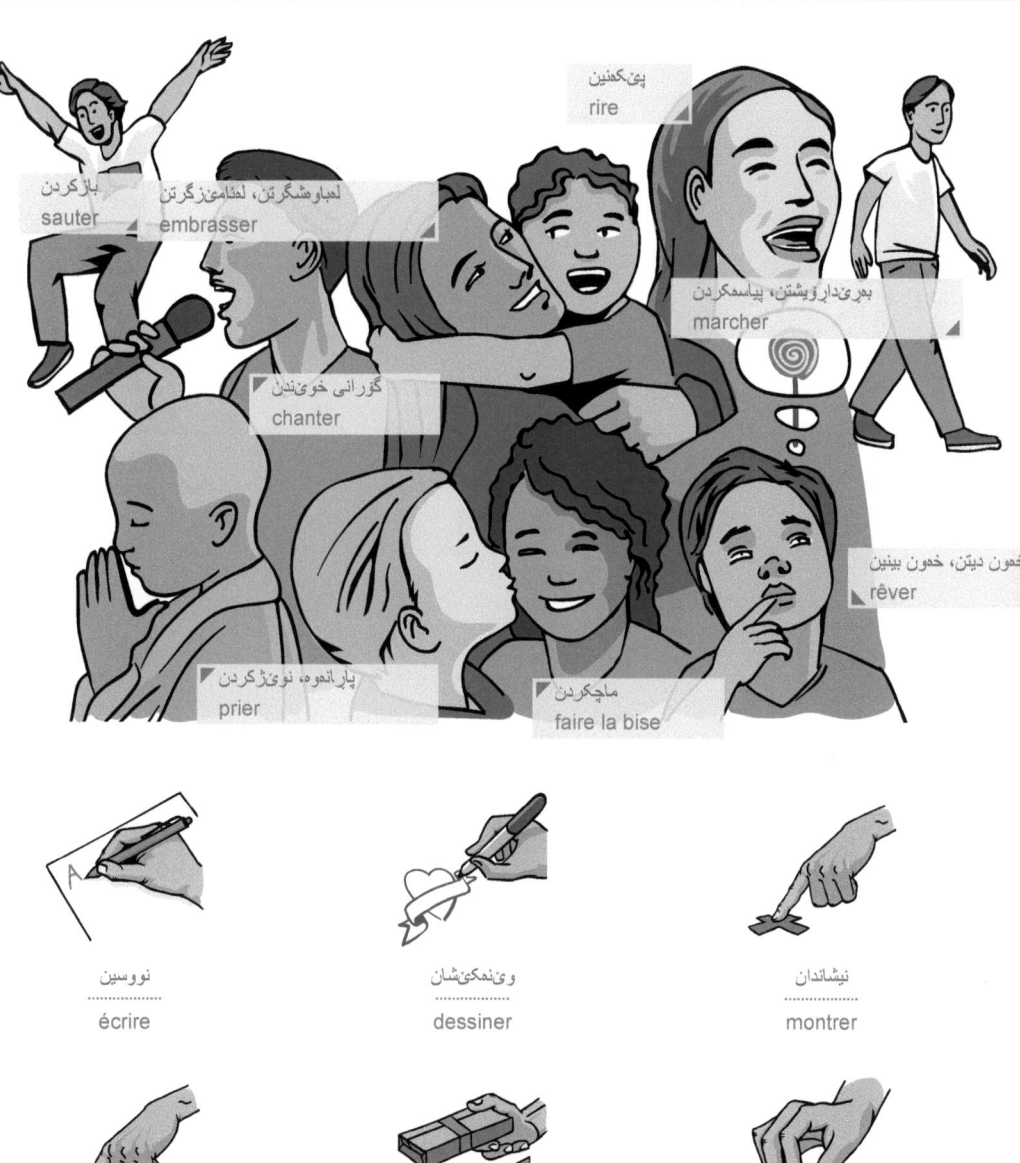

پێکەنین
rire

بازکردن
sauter

لەباوەشگرتن، لەئامێزگرتن
embrasser

بەدیداردۆیشتن، پیاسەکردن
marcher

گۆرانی خوێندن
chanter

خەون دیتن، خەون بینین
rêver

پاڕانەوە، نوێژکردن
prier

ماچکردن
faire la bise

نووسین
écrire

وێنەکێشان
dessiner

نیشاندان
montrer

پاڵ پێوەنان
pousser

دان
donner

هەڵگرتن
prendre

هەمبوون

avoir

کردن

faire

بوون

être

ڕاوەستان

être debout

هەڵهاتن

courir

کێشان

trier

هاویشتن

jeter

کەوتن

tomber

دڕۆکردن

être couché

چاوەڕێبوون

attendre

هەڵگرتن

porter

دانیشتن

être assis

جل لەبەرکردن

s'habiller

خەوتن

dormir

لەخەوهەستان

se réveiller

چاولێنکردن

regarder

گریان

pleurer

جەڵتعلیدان

caresser

قژداهئنان، شانەکردن

peigner

قسەکردن

parler

تێگەیشتن

comprendre

پرسیارکردن، پرسین

demander

گوێراگرتن

écouter

خواردنەوە

boire

خواردن

manger

رێکوپێک کردن

ranger

خۆشویستن

aimer

چێش لێنان

cuire

شۆفێریکردن

conduire

فڕین

voler

كەشتيوانى

faire de la voile

حساب‌كردن، ژماردن

calculer

خوێندنەوه

lire

فێربوون

apprendre

كاركردن

travailler

زەماوەندكردن

se marier

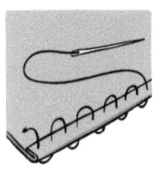

دورین، دورومانکردن

coudre

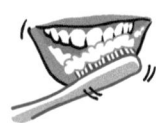

فڵچه لەددان دان

brosser les dents

كوشتن

tuer

جگەرەكێشان

fumer

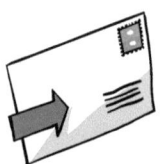

ناردن

envoyer

بنەماڵە

la famille

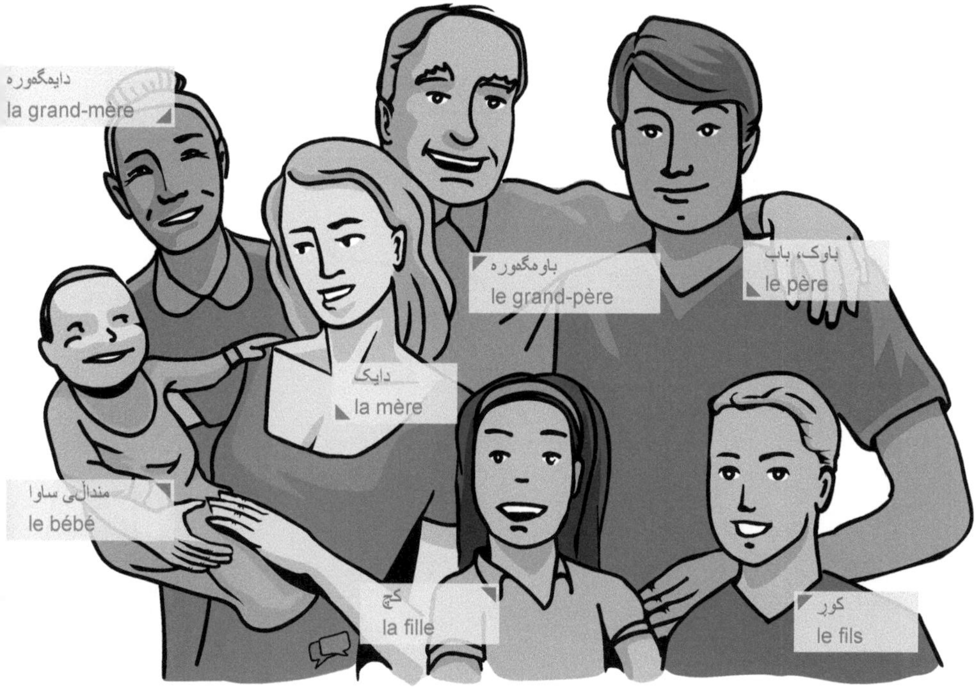

دایەگەورە
la grand-mère
باوەگەورە
le grand-père
باوک، باب
le père
دایک
la mère
منداڵی ساوا
le bébé
کچ
la fille
کور
le fils

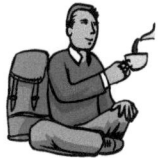

میوان

l'hôte

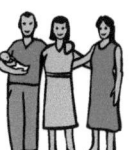

پوور

la tante

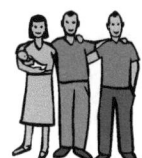

مام، خاڵ

l'oncle

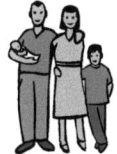

برا

le frère

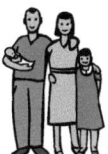

خوشک

la sœur

جەستە، لەش

le corps

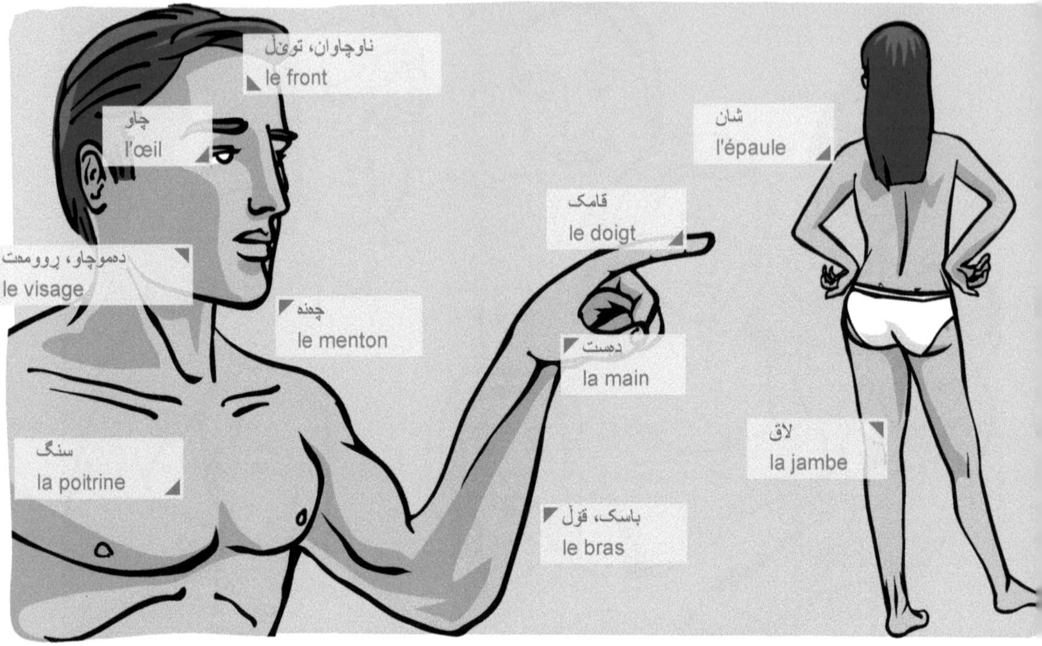

ناوچاوان، توێڵ
le front
چاو
l'œil
شان
l'épaule
قامک
le doigt
دەموچاو، ڕوومەت
le visage
چەنە
le menton
دەست
la main
لاق
la jambe
سنگ
la poitrine
باسک، قۆڵ
le bras

منداڵی ساوا
....
le bébé

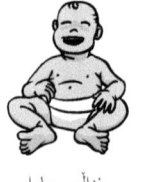

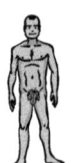

پیاو
....
l'homme

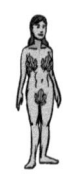

ژن
....
la femme

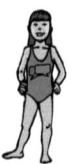

کچ
....
la fille

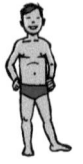

کوڕ
....
le garçon

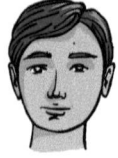

سەر
....
la tête

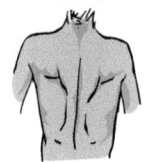

پشت

le dos

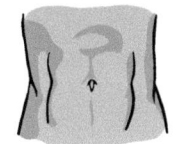

زگ

le ventre

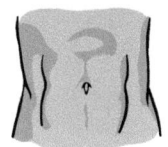

ناوک

le nombril

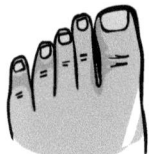

پێ کامکی

l'orteil

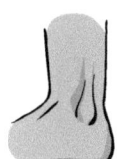

پاژنەی پێ

le talon

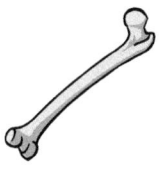

ئێسک ،ئێسقان

l'os

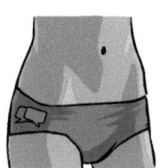

سمت

la hanche

ئەژنۆ

le genou

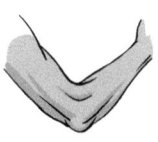

نانیشک

le coude

لووت

le nez

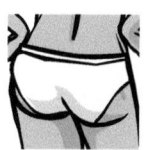

قوون

les fesses

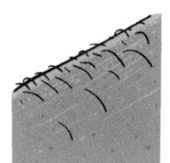

پێست

la peau

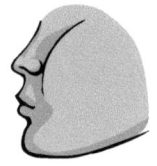

گۆپ

la joue

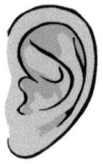

گوێ

l'oreille

لێو

la lèvre

جەستە، لەش - le corps

69

دمم، زار

la bouche

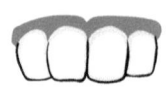

ددان

la dent

زمان

la langue

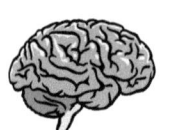

مێشک

le cerveau

دڵ

le cœur

ماسوولکه

le muscle

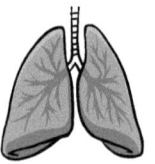

سیهڵاک، سی

les poumons

جەرگ

le foie

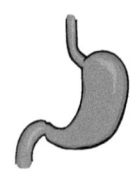

گدده

l'estomac

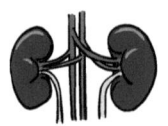

گورچیله

les reins

سێکس

le rapport sexuel

کۆندۆم

le préservatif

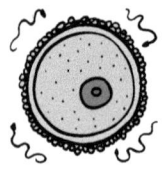

توو، هێلکا

l'ovule

تۆو

le sperme

دووگیانی

la grossesse

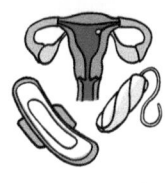

كەوتنە سەر خوێن

la menstruation

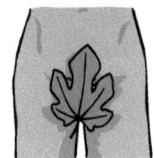

زێ

le vagin

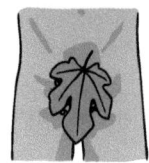

كێر

le pénis

برۆ

le sourcil

قژ

les cheveux

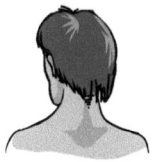

مل

le cou

نەخۆشخانە، خەستەخانە
l'hôpital

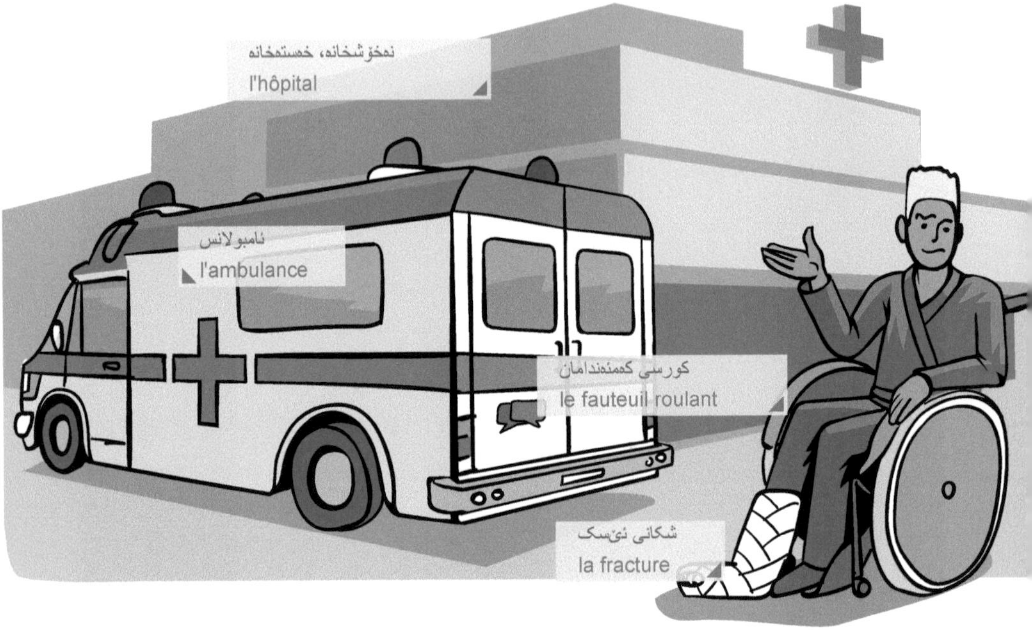

نامبولانس
l'ambulance

کورسی کەمئەندامان
le fauteuil roulant

شکانی ئێسک
la fracture

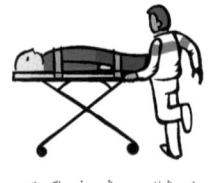

دکتۆر

le médecin

ژووری فریاکەوتن

le service des urgences

نەخۆشەوان

l'infirmière

نورژانس، بەشی فریاکەوتن

l'urgence

بێهۆش

inconscient

ژان، ئێش

la douleur

برینداری

la blessure

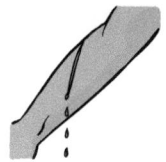

خوێنڕێژی

l'hémorragie

جەڵتەی دڵ

la crise cardiaque

جەڵتە

l'attaque cérébrale

ئالێرژی، هەستیاری

l'allergie

کۆخە

la toux

تا

la fièvre

ئەنفلۆنزا

la grippe

زگچوون

la diarrhée

سەرێشە، ژانەسەر

le mal de tête

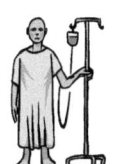

سەرەتان

le cancer

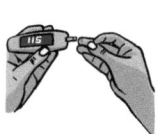

شەکرە

le diabète

نەشتەرگەر

le chirurgien

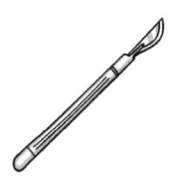

نەشتەر، چەقۆی تووێنکاری

le scalpel

نەشتەرگەری

l'opération

CT

le CT

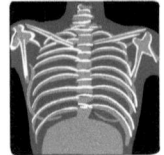

تیشکی ئێنکس

la radiographie

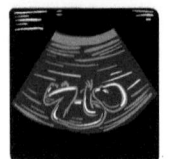

ئۆڵترِاساوند

l'échographie

ماسکی رووممت

le masque

نمخۆشی

la maladie

ژووری چاوهڕێبوون

la salle d'attente

گۆجان

la béquille

مشهما

le pansement

برین پێچ

le pansement

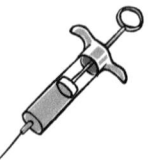

دەرزی لێدان

l'injection

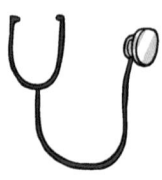

بیستۆکی پزیشک

le stéthoscope

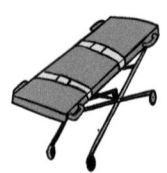

داربەست

le brancard

گەرماپێوی کلینیکی

le thermomètre

لەدایکبوون

l'accouchement

زیادمکێش/قەڵەویی

la surcharge pondérale

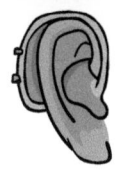

بیستۆک

l'appareil auditif

میکرۆبکوژ

le désinfectant

چڵک

l'infection

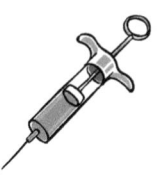

ویروس

le virus

ئەیدز

le VIH / le sida

دەرمان

le médicament

کوتان

la vaccination

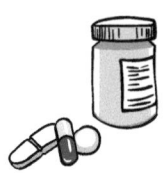

حەب

les comprimés

حەب

la pilule

تەلەفۆنی فریاکەوتن

l'appel d'urgence

پێشانگەری پەستانی خوێن

le tensiomètre

نەخۆش / ساغەمەت

malade / sain

ناگاداركردنەوە، ئەلارم

l'alarme

دەستدرێژی

l'assaut

یارمەتی!

Au secours !

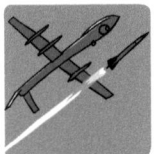

هێرشكردن

l'attaque

مەترسی

le danger

چوونەدەرەوەی ئورژانس

la sortie de secours

ناگر!

Au feu!

ناگركوژێنەوە

l'extincteur

ڕووداو، پێشهات

l'accident

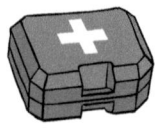

قوتووی یارمەتی فریاکەوتن

la trousse de premier
secours

SOS

SOS

پۆلیس

la police

ئەورۆپا
....
l'Europe

ئەمریکای باکوور
....
l'Amérique du Nord

ئەمریکاری باشوور
....
l'Amérique du Sud

ئافریقا
....
l'Afrique

ئاسیا
....
l'Asie

ئوسترالیا
....
l'Australie

ئەتڵەسی، ئۆقیانووسی ئەتڵەسی

....
l'Océan atlantique

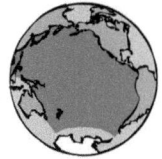

زەریای هێمن
....
l'Océan pacifique

ئۆقیانووسی هیندی
....
l'Océan indien

ئۆقیانووسی جەمسەری باشوور
....
l'Océan antarctique

ئۆقیانووسی جەمسەری باکوور
....
l'Océan arctique

جەمسەری باکوور
....
le Pôle nord

جەمسەری باشوور

le Pôle sud

ناوچەی جەمسەری باشوور

l'Antarctique

نەرز، زەوی

la terre

خاک، وشکانی

le pays

دەریا، زەریا

la mer

دوورگە

l'île

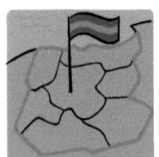

گەل، نەتەوە

la nation

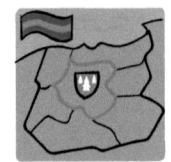

وڵات، پارێزگا، دەوڵەت

l'état

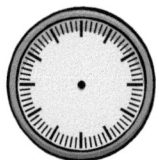

روخساری کاتژمێر

le cadran

نیشاندەری کاتژمێر

l'aiguille des heures

نیشاندەری خولەک

l'aiguille des minutes

دەستی دوو

l'aiguille des secondes

کاتژمێر چەندە؟، سەعات چەندە؟

Quelle heure est-il ?

ڕۆژ

le jour

کات، زمان

le temps

ئێستا، هەنووکە

maintenant

کاتژمێری دیجیتاڵی

la montre digitale

خولەک

la minute

کاتژمێر

l'heure

la semaine

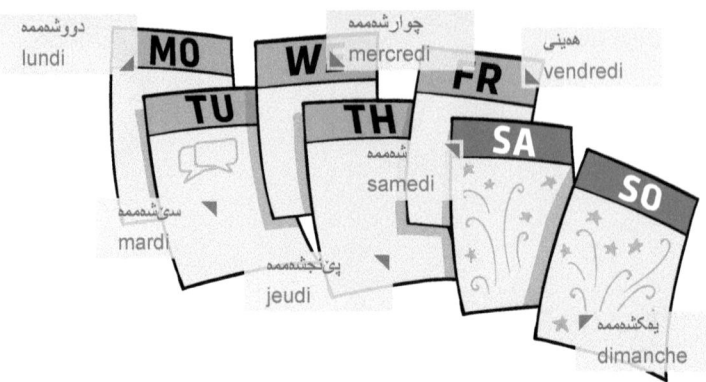

دووشەممە
lundi

چوارشەممە
mercredi

هەینی
vendredi

سێشەممە
mardi

شەممە
samedi

پێنجشەممە
jeudi

یەکشەممە
dimanche

دوێنێ
hier

ئەمرۆ، ئەورۆ
aujourd'hui

سبەینێ
demain

بەیانی
le matin

نیوەرۆ
le midi

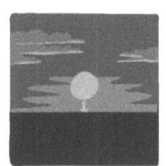

ئێوارە
le soir

رۆژی کار
les jours ouvrables

کۆتایی هەفتە
le week-end

l'année

باران
la pluie
کۆلکەزێرینە
l'arc-en-ciel
بەفر
la neige
بازکردن
le vent
بەهار
le printemps
پاییز
l'automne
هاوین
l'été
زستان
l'hiver

4.APRIL 11°
5.APRIL 4°
6.APRIL 13°
7.APRIL 8°
8.APRIL 10°

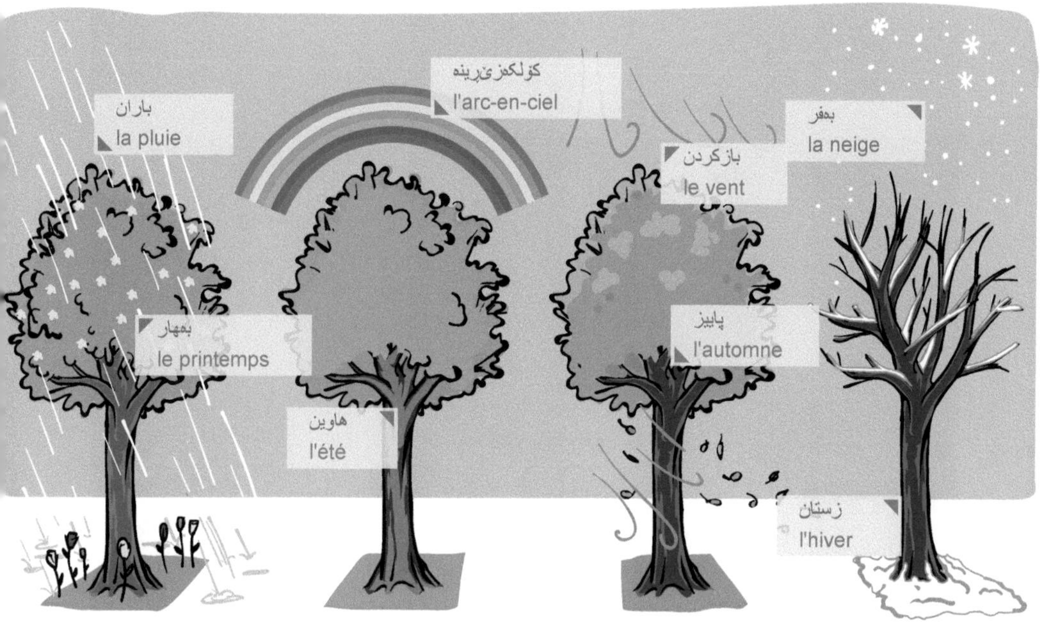

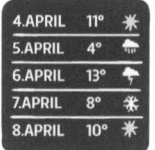

پێشبینی هەوا
....
la météo

F C
120 40
90 30
60 20
30 10
0 0
-30 -10
-20

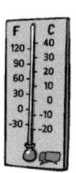

گەرماپێو
....
le thermomètre

خۆرەتاو
....
la lumière du soleil

هەور
....
le nuage

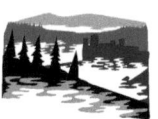

تەمومژ
....
le brouillard

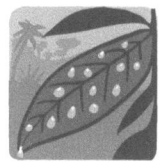

تەڕایی
....
l'humidité

هەورەتریشقە، بروسکە

la foudre

هەورەگرمە

la tonnerre

باوبۆران، تۆفان

la tempête

تەرزە

la grêle

مانسوون

la mousson

لافاو

l'inondation

سەهۆل

la glace

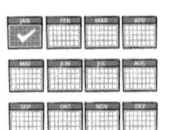

جانیوەری

janvier

فێبریوەری

février

مارچ

mars

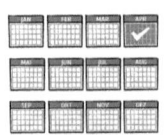

ئەپریل

avril

مەی

mai

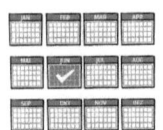

جوون

juin

جوولای

juillet

ئۆگۆست

août

ساڵ - l'année

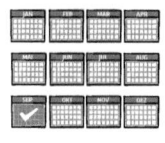

سێپتەمبەر

septembre

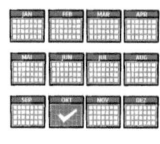

ئۆکتۆبەر

octobre

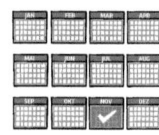

نۆڤەمبەر

novembre

دێسەمبەر

décembre

شێوەکان

les formes

بازنە

le cercle

چوارگۆشە

le carré

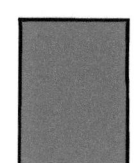

چوارگۆشەی درێژ

le rectangle

سێگۆشە

le triangle

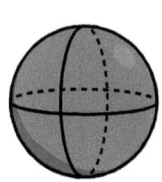

تۆپ، گۆ

la sphère

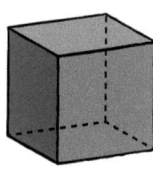

خشتەک

le cube

سپی

blanc

زەرد

jaune

پرتەقاڵیی

orange

پەمەیی

rose

سوور

rouge

بنەوش

violet

شین

bleu

سەوز

vert

قاوەیی

marron

بۆر

gris

رەش

noir

زۆر / کەم

beaucoup / peu

توورە / لەسەرەخۆ

fâché / calme

جوان / ناحەز

joli / laid

سەرەتا / کۆتایی

le début / la fin

گەورە / چکۆڵە

grand / petit

رووناک / تاریک

clair / obscure

برا / خوشک

frère / soeur

خاوێن / چڵکن

propre / sale

تەواو / ناتەواو

complet / incomplet

رۆژ / شەو

le jour / la nuit

مردوو / زیندوو

mort / vivant

پان / تەنگ

large / étroit

خوش / ناخوش

comestible / incomestible

بمجزمیی / نمگریس

méchant / gentil

وروژاو / بێزار

excité / ennuyé

قەلەو / لاواز

gros / mince

یەکەم / ناخر

le premier / le dernier

دۆست / دوژمن

l'ami / l'ennemi

پڕ / خاڵی

plein / vide

ڕەق / نەرم

dur / souple

قورس / سووک

lourd / léger

برسی / توونی

faim / soif

نەخۆش / سڵامەت

malade / sain

نایاسایی / یاسایی

illégal / légal

زیرەک / گەمژە

intelligent / stupide

چەپ / ڕاست

gauche / droite

نزیک / دوور

proche / loin

نوێ / كۆن، بمكارهاتوو

nouveau / usé

هیچ شتێک / شتێک

rien / quelque chose

پیر / لاو

vieux / jeune

هەڵكراو / كوژاوه

marche / arrêt

كراوه / داخراو

ouvert / fermé

بێدهنگ / دەنگی بەرز

faible / fort

دهوڵهمهند / ههژار

riche / pauvre

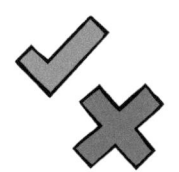

ڕاست / هەڵه

correct / incorrect

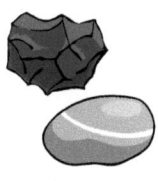

زبر / ساف

rugueux / lisse

خهمین / خۆشحاڵ

triste / heureux

كورت/ درێژ

court / long

هێواش / خێرا

lent / rapide

تەڕ / وشك

mouillé / sec

گەرم / فێنك

chaud / froid

شەڕ / ئاشتی

la guerre / la paix

les nombres

0

سیفر
....
zéro

1

یەک
....
un / une

2

دوو
....
deux

3

سێ
....
trois

4

چوار
....
quatre

5

پێنج
....
cinq

6

شەش
....
six

7

حەوت
....
sept

8

هەشت
....
huit

9

نۆ
....
neuf

10

دە
....
dix

11

یازدە
....
onze

12

دوازده

douze

13

سێزده

treize

14

چوارده

quatorze

15

پازده، پانزه

quinze

16

شازده

seize

17

حەفده

dix-sept

18

هەژده

dix-huit

19

نۆزده

dix-neuf

20

بیست

vingt

100

سەد

cent

1.000

هەزار

mille

1.000.000

میلیۆن

le million

نینگلیزی

l'anglais

نینگلیزی ئەمەریکی

l'anglais américain

چینی ماندارین

le chinois mandarin

هیندی

le hindi

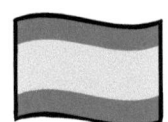

ئیسپانی

l'espagnol

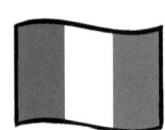

فەرەنسی

le français

عەرەبی

l'arabe

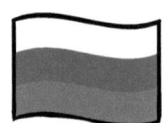

رووسی

le russe

پۆرتوگالی

le portugais

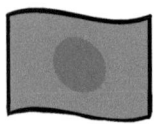

بەنگالی

le bengali

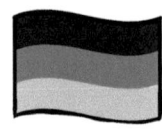

ئاڵمانی

l'allemand

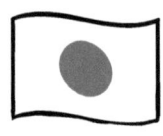

ژاپۆنی

le japonais

من

je

تۆ

tu

ئەو

il / elle / ce, c', cela

ئێمە

nous

ئێوە

vous

ئەوان

ils / elles

کێ؟

Qui ?

چی؟

Quoi ?

چۆن؟

Comment ?

لەکوێ؟

Où ?

کەنگێ؟ کەی؟

Quand ?

ناو

le nom

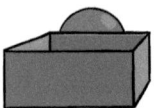

لەپشت

derrière

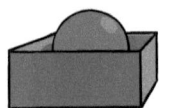

لە

dans

لەپێش

devant

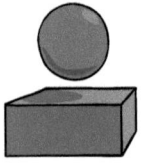

سەرێ

au-dessus

لەسەر

sur

ژێر

en-dessous

لە تەنیشت

à côté de

لەنێوان

entre

شوێن، جێ

le lieu